Von der Lust am Eigensinn

Wolfgang Korn

Von der Lust am Eigensinn

11 unbequeme Deutsche, die Geschichte schrieben

THEISS

Bibliografische Information der Deutschen Nationalbibliothek
Die Deutsche Nationalbibliothek verzeichnet diese Publikation in der Deutschen Nationalbibliografie; detaillierte bibliografische Daten sind im Internet über http://dnb.d-nb.de abrufbar.

Umschlaggestaltung: Stefan Schmid Design, Stuttgart

Projektleitung: Rüdiger Müller, Konrad Theiss Verlag
Herstellerische Betreuung: Anita Koranyi, Konrad Theiss Verlag
Lektorat : Christina Knüllig, Hamburg
Satz und Gestaltung: Satz & mehr, R. Günl, Besigheim
Druck und Bindung: CPI – Ebner & Spiegel, Ulm

ISBN 978-3-8062-2477-1

Besuchen Sie uns im Internet: www.theiss.de

Elektronisch sind folgende Ausgaben erhältlich:
ebook (PDF): 978-3-8062-2734-5
ebook (epub): 978-3-8062-2735-2

Inhalt

EINLEITUNG

Eigensinnige Zeitgenossen oder: was heißt es, aus historischer Sicht unbequem zu sein?

„Ich bin kein Mensch, ich bin Dynamit ... Ich will kein Heiliger sein, lieber noch ein Hanswurst..." (*Nietzsche, Ecce Homo*)

Was macht einen Menschen unbequem, was unterscheidet ihn vom Außenseiter, der früh in die Vergessenheit gerät, und was führt dazu, dass sein Einfluss auf die Gesellschaft, ja auf die Zeitläufte anhält? Dass sich die Leute noch Jahrzehnte später erinnern?

Doch fangen wir von vorne an: Was bedeutet „unbequem" eigentlich konkret? Hier kann die gegenteilige Bedeutung hilfreich sein – das Bequeme. Was also ist bequem?

Bequeme Kleidungsstücke zum Beispiel: Diese engen nicht ein, in ihnen können wir uns frei bewegen. Viele Leute tragen mittlerweile überall bequeme Kleidung – nicht nur zu Hause. Man macht es sich heutzutage überhaupt gern bequem.

„Das Bequeme" verursacht wenig Reibung, „bequem" ist effizient, entspannend – „bequem" ist kurz gesagt sehr „in". Bequem ist alles, was keine oder nur wenig Kraft erfordert.

Auf die Gesellschaft übertragen: Man lässt sich in der Menge treiben, wird selbst Teil der Masse. Man verfolgt kein Ziel, lässt sich dahin treiben, wohin sich die Mehrheit treiben lässt. Das gilt für Moden, aber auch für Meinungen und Werte.

„Bequem“ ist eine historische Person, deren Biografie geradlinig von Anfang bis Ende erzählt werden kann. Hier gibt es wenig, was im Dunkeln bleibt. Die Motivation ist klar. Wir fragen uns nicht: Wie konnte er, wie konnte sie das tun? Was hat ihn oder sie bloß angetrieben?

„Bequeme“ historische Persönlichkeiten fügen sich in ihre Epoche, scheinen sich nahtlos einzufügen, sie stemmen sich nicht gegen die Strömungen ihrer Zeit, wie auf einer großen Welle reitend, kommen sie an ihre Ziele, sofern sie welche haben.

Unbequeme indessen sind genau das Gegenteil: Sie entziehen sich unseren gängigen Deutungsmustern, sie verweigern sich unseren Erwartungen, verhalten sich nicht immer ihrem Stand, ihrer Rolle, ihrem Auftrag entsprechend: links – rechts, konform – nonkonform, loyal – illoyal ...

Von ihnen bekommt man keine einfachen, erwartbaren Antworten, denn da ist immer ein Moment der Unberechenbarkeit.

Sie sind sperrig.

Unbequeme sind aber nicht nur für andere unbequem, sondern auch für sich selbst. Fast scheint es, als folgten sie einem inneren Zwang, oder positiv gesprochen, einer Berufung. Viele Unbequeme sind davon überzeugt, den einzig gangbaren Weg zu gehen. Mit anderen Worten: Solche Menschen sind extrem eigensinnig.

Zugegeben, Eigensinnige haben wir viele in Deutschland. Fast jeder legt Gewohnheitsrecht, Gesetzeslage oder Verkehrsregeln zu seinen Gunsten aus.

Bücher und Fernsehserien sind über die „Giftzwerge des Alltags“ erschienen, Leute die sich jahrelang über nachbarliche Wegerechte, Baumäste auf dem Grundstück oder verspätete Postzustellungen streiten.

Oder nehmen wir die Wutbürger – wer von ihnen vertritt echten Bürgerprotest und wer gehört nur zur NIMBY-Bewegung? NIMBY ist die englische Abkürzung für: „Not in my Backyard!“ Bitte nicht auf meinem Rasen oder meinem Hinterhof. Es gibt doch noch genug andere Plätze! In Deutschland reden wir vom „St. Florians-Prinzip“, das bekanntlich lautet: „Verschon’ mein Haus, zünd’ andere an.“

Sind die Protestler gegen den Bau eines Flughafens oder eine neue Landebahn, nur weil die Einflugschneise über ihr eigne Siedlung hinweg führt oder machen sie sich generell gegen Fluglärm in der Nähe von Großstädten stark – und zwar so lange, bis niemand mehr ein Antifluglärm-Plakat sehen mag?

Unbequem sind „Giftzwerge" und „Wutbürger" für die Planungsbehörden oder betroffenen Nachbarn, aber macht sie das auch zu „Unbequemen" in einem gesellschaftlichen Sinne?

Salomonisch müsste die Antwort heißen: So mancher Querulant bildete schon die Keimzelle einer sozialen Bewegung, und selbst der Mauerfall hat seinen Ursprung mit darin, dass einige DDR-Bürger nicht von ihrem Urlaub am Plattensee zurückkehren wollten.

Ob die Wutbürger als Unbequeme in die Geschichte eingehen, wird sich erst mit Abstand zeigen. Denn die zentrale Frage ist: Werden sie unsere Republik nachhaltig verändern oder zumindest deren Schwachstellen bloßstellen? Wer ist also ein Unbequemer auf lange Sicht gesehen?

Auf jeden Fall eine Person, die den Fortgang der Geschichte oder einer Disziplin, ja das Entstehen einer Idee selbst beeinflusst hat.

Jemand, der sich gegen die Mehrheitsmeinung stellt – und zwar so, dass die Mehrheit schließlich nicht mehr darüber hinwegsehen kann. Oder jemand, der die herrschende Ordnung infrage stellt.

Unbequeme Deutsche sind demnach historische Persönlichkeiten, deren Eigensinn besonders nachhaltig wirkt. – Sie sind einflussreich, lassen sich jedoch nicht so einfach zuordnen. Zum einen haben Unbequeme Vorbildcharakter, aber sie sind bei Weitem nicht makellos. Sie sind vor allem sie selbst, und das macht ihre fortdauernde Anziehung aus.

Unbequeme können Nonkonformisten sein, müssen es aber nicht. In Epochen wie der unsrigen steht der Nonkonformismus bei kulturellen Eliten hoch im Kurs. Tabubrüche gelten als chic, doch unbequem sind sie schon längst nicht mehr. Unbequeme hingegen zeigen die geheimen Wirkkräfte einer Gesellschaft, sie gefallen sich nicht darin, den Mainstream zu bedienen.

Woran also erkennen wir die unbequemen Zeitgenossen?

Um die Nagelprobe zu machen, wagen wir uns gleich an die schwierigste Frage: Wie verhält es sich mit jener Unperson, aus deren Schatten wir Deutschen uns noch immer nicht ganz lösen können, wollen, dürfen?

Ob Adolf Hitler gut sieben Jahrzehnte nach Untergang des Nationalsozialismus für uns ein Unbequemer ist oder nicht, darüber wird heftig disputiert.

Es gibt starke Argumente, ihn nicht dazu zu rechnen – nicht etwa weil sich die breite Geschichtsaufarbeitung zu wenig, sondern gerade weil sie sich zu viel mit dem „Führer", seinem Denken und Handeln auseinandersetzt. „Hitlers Helfer", „Hitlers Imperium", „Hitlers Generäle", „Hitlers Frauen" sind nur einige Titel von Büchern und Fernsehdokumentationen der letzten Zeit.

Obwohl inzwischen in der Fachliteratur und der kritischen Diskussion genug Dokumentationen existieren, die die breite und willige Mittäterschaft des deutschen Volkes am Nationalsozialismus belegen, werden in der Hitler-zentrierten Sichtweise die Deutschen automatisch weniger als „Täter", sondern mehr als unfreiwillig „Verführte" dargestellt.

Hitlers Denken und Handeln in den Mittelpunkt stellen heißt immer auch: den Rest der Volksgenossen zumindest stückweise entlasten.

Als zentrales Denkmuster liegt dem – bewusst oder unbewusst - eine Art Befehls- und Verantwortungspyramide zugrunde: Alle waren jeweils nur gehorsam gegenüber ihren Vorgesetzten – ganz oben schließlich stand nur ein Befehlshaber: Er!

„Wenn das der Führer wüsste!" war eine beliebte Redewendung der NS-Zeit, die noch heute ihre Entsprechung findet in der Überzeugung, Hitler habe über eine grenzenlose Befehlsgewalt verfügt.

Und die Tatsache, dass allein sein Name in Buchtiteln hohe Auflagen garantiert und Tausende jedes Jahr zur „Wolfsschanze" und dem „Obersalzberg" mit einer Mischung aus Faszination und Schauer reisen, scheinen zu belegen, dass Hitlers übergroßes Charisma fortdauert.

Doch beide Vorstellungen sind nur Teil der Legende, die von Anfang an verbreitet wurde. „Hitler entwarf gemeinsam mit einem kleinen Kreis von Gefolgsleuten die Legende des charismatischen Führers", urteilt richtungsweisend der Historiker Ludolf Herbst, „um die messianischen Erwartungen der Menschen für die NSDAP nutzbar zu machen."

Hier stellt sich die Frage: Entsteht charismatische Führung aus sich selbst heraus oder ist sie Ergebnis der Inszenierung? Das Unbequeme am Führerkult liegt folglich zum größeren Teil nicht in der Person Hitlers selbst, sondern in den Menschen und Mechanismen, die ihm den Aufstieg zur größten Unperson aller Zeiten ermöglichten.

Unbequeme dagegen, wie sie hier porträtiert werden, sind es aus sich selbst heraus – sie schwimmen gegen den Strom. Sie sind Nonkonformisten mit Eigendreh und legen keinen Wert darauf, den Wertvorstellungen ihrer Zeit, ihres Milieus, ihrer Berufsgruppe zu entsprechen. Zum Märtyrer aber werden sie noch lange nicht. Manchmal haben sie Zivilcourage, aber genauso gut verfolgen sie ihre Ziele mit stoischer Unnachgiebigkeit und Eigensinn. Im Idealfall erschüttern sie unser Weltbild oder unser Wertesystem.

Solch eine Erschütterung etwa hat der Autor beim Schreiben des Franz-Joseph Strauss-Kapitels selbst erlebt.

In der Jugendzeit seiner Generation war „FJS" eine politische Landmarke und jeder war fest davon überzeugt, über diesen Mann Bescheid zu wissen: Man verehrte ihn oder, was der Autor wie die meisten seiner Generation tat, man verachtete und bekämpfte ihn. Und beschimpfte FJS 1980, als er Kanzlerkandidat der CDU/CSU wurde, öffentlich als Faschisten. Doch bei der näheren Beschäftigung mit seiner Biografie stellt sich heraus, wie wenig selbst politisch aktive Zeitzeugen von prägenden Personen ihrer Epoche wirklich wissen. Denn tatsächlich hatte Strauß gegen die Nazis gehandelt. In dem aufstrebenden jungen Mann aus einfachen Verhältnissen könnte sich so mancher Linke wiedererkennen.

Doch wendet man sich dann dem Berufspolitiker Strauß zu, der sich ein unvergleichliches Machtimperium einrichtete, ist es mit der neuen Anteilnahme auch schon wieder vorbei. Stattdessen reift die Erkenntnis: Er war schlimmer als erwartet – nur eben anders. Ja, Strauß ist auch bei näherer Betrachtung wirklich ein Unbequemer. Er steht mit allem, was er verkörpert für eine Epoche. Er vermittelt nicht nur neue Erkenntnisse, sondern zwingt zu neuen Blickwinkeln, die auch noch das eigene Selbstbild betreffen, und so mancher mag denken: So genau hatten wir es dann doch nicht wissen wollen.

Die in diesem Band vorgestellten Unbequemen decken ein breites Spektrum ab. Hier sind Eigensinnige und Abweichler, Alltagshelden und Usurpatoren gleichermaßen versammelt. Der zeitliche Rahmen reicht von der Frühen Neuzeit bis zum Ende des zwanzigsten Jahrhunderts. Zu der von der Lust am Eigensinn Getriebenen gehören neben Herrschergestalten auch Oppositionspolitiker, Widerständler sowie Frauenrechtlerinnen. Wissenschaftler, ein Theologe und ein Alternativmediziner sind ebenfalls dabei. Auffallend viele von ihnen stammen übrigens aus einfachen Verhältnissen.

Thomas Müntzer zeigt, wie ein großer Geist in der Rezeption auf nur eine einzige Eigenschaft reduziert wird. Aus dem Reformator, Mystiker und Sozialreformer wird der Aufrührer, ein Agitator, der die Bauern zur Gewalt verführte. Im Osten Deutschlands wird er verehrt, im Westen gemieden.

Albrecht von Wallenstein lehrt uns die Frage, was wir wissen können. Verbaut uns die literarische Gestalt „Wallenstein“, geschaffen vor allem von Friedrich Schiller, den Blick? War Wallenstein skrupellos, ein Warlord oder einer, der die Drecksarbeit für andere verrichtet hat und das gegen Bares?

Samuel Hahnemann steht für den Typus des Erfinders und Experimentierers. Seine Medikamente hat er am eigenen Leib erprobt. Doch andererseits hat er auch den Streit geliebt, er wusste, dass er vieles besser wusste und hat das seine Zeitgenossen auch spüren lassen. Beliebt wird man dadurch nicht.

Mathilde Franziska Anneke ist nicht nur deshalb eine Unbequeme, weil die deutsch-amerikanische Freiheitskämpferin, Frauenrechtlerin, Schriftstellerin und Schulgründerin hierzulande in Vergessenheit geraten ist, sondern auch, weil sie mit ihrem Beispiel zeigte, dass es schon Mitte des 19. Jahrhunderts möglich war, ein in jeder Hinsicht emanzipiertes Leben zu führen.

Kaiser Wilhelm II. findet hier Aufnahme, weil wir bis heute nicht wissen, welchen Anteil er am Ausbruch des Ersten Weltkrieges hat. Außerdem wissen wir nicht genau, wer sich hinter der Kaisermaske verbarg. War es „Wilhelm, der Bürgerkaiser“, „Wilhelm, der „Archäologie- und Technikfreund“, „Wilhelm, der Kriegstreiber“ oder nur „Wilhelm, der Reisekaiser“?

Rosa Luxemburg dagegen ist vor allem deshalb eine Unbequeme, weil ihr früher Tod eine Idealisierung begünstigt hat. Was wäre aus ihr geworden, wäre sie alt geworden: die Führerin eines deutschen-demokratischen Sozialismus oder eine nörgelnde Oppositionspolitikerin?

Fritz Haber entzieht sich unserer Bewertung. Denn als Jude und glühender Patriot, und vor als einer der genialsten Wissenschaftler des frühen 20. Jahrhunderts hat er die Chemie in Deutschland befördert. Gleichzeitig jedoch missbrauchte er seine Talente für die Entwicklung von Giftgas im 1. Weltkrieg.

Fritz Kolbe wiederum zeigt: Widerstand im Nationalsozialimus war möglich. Die Weitergabe von wichtigen Informationen – von vielen immer noch „Verrat“ genannt – war ein effektives Mittel, um den Krieg und damit die Herrschaftszeit des NS-Regimes zu verkürzen.

Ulrike Meinhof dagegen wirft die unbequeme Frage auf, wie ein engagierter und mitfühlender Mensch aus der Mitte der Gesellschaft auf die Bahn des Hasses geraten kann.

Und Rudolf Bahro schließlich zeigt, wie groß die Gefahr ist, als kritischer Geist zwischen allen Stühlen zu sitzen, mit allen Gruppenkonventionen zu brechen.

Und warum fehlt nun Friedrich Nietzsche in dieser Sammlung, war der Philosoph nicht der Unbequeme par excellence?

Ja, zumindest wenn es nach seinen Selbstaussagen geht wie der schon eingangs zitierten Biografie „Ecce Homo. Wie man wird, was man ist“, wo es weiter heißt:

„...Vielleicht bin ich ein Hanswurst ... Und trotzdem oder vielmehr *nicht* trotzdem – denn es gab nichts Verlogeneres bisher als Heilige – redet aus mir die Wahrheit. Aber meine Wahrheit ist *furchtbar*: denn man hieß bisher die *Lüge* Wahrheit. – *Umwertung aller Werte*: das ist meine Formel für einen Akt höchster Selbstbestimmung der Menschheit, der in mir Fleisch und Genie geworden ist."

Nicht nur hier – Nietzsche hat in seinem Werk etliche Definitionen für Unbequeme geliefert. Aber reicht das, um in eine Sammlung unbequemer Deutscher aufgenommen zu werden? Nein, denn der Querdenker hat sich zwar selbst zum Unbequemen und Querulanten stilisiert. Doch philosophische Stilisierung ist das eine, das gelebte Leben das andere.

Und schließlich gilt: Viele Unbequeme empfinden sich selbst gar nicht als unbequem. Sie durchleben die Lust und Last ihres Eigensinns und sind davon überzeugt, den einzig gangbaren Weg zu wählen.

In Luthers Schatten?
Reformator Thomas Müntzer

(1488/89–1525)

Frankenhausen, 15. Mai 1525. Einen Regenbogen hatte er über dem Kampfplatz leuchten sehen. Und dann sprach Thomas Müntzer zu seinen Leuten – 6000, 7000 gar 8000 schlecht bewaffnete Bauern, darunter auch aufrührerische Handwerker, Händler und Tagediebe: Er habe ein göttliches Zeichen erhalten, dass sie keine Angst haben sollten. Und tatsächlich war es ihnen am Vortag gelungen, das Heer der Fürsten mit über 1400 Rittern zurückzuschlagen. Nun aber hatten sie sich strategisch ungünstig in einer Wagenburg verschanzt, der Gegner hatte sie umzingelt, und die Fürsten ließen ihre eisernen Geschütze auffahren.

Ein letztes Angebot wurde der Menge unterbreitet: Wenn sie den Prediger des Teufels, den Satan von Allstedt, auslieferten, kämen sie mit dem Leben davon. Doch die Bauern hielten zu ihrem Thomas Müntzer.

So ist er uns bekannt: als der geistige Anführer, Aufrührer der Bauern, gar als der „Theologe der Revolution" (Ernst Bloch). Später dann erhielt er im Systemstreit Applaus von der falschen Seite: In der DDR wurde Thomas Müntzer als großer Nationalheld gefeiert. Ausgerechnet im Jahr 1989 sollte sein 500. Geburtstag ausgiebig begangen werden, der Höhepunkt der Feierlichkeiten war für den Dezember geplant, aber es kam bekanntlich anders ...

Hat vor allem dieser Versuch einer politischen Vereinnahmung dazu geführt, dass wir Deutschen Thomas Müntzer nur als radikalen Prediger und Aufwiegler sehen konnten? Und hat er vielleicht sogar dazu geführt, dass wir selbst bei einer Akzentverschiebung im Reformationsgedenken unser Bild auch nach dem Untergang der DDR nicht ernsthaft haben korrigieren wollen?

Die selektive und recht einseitige Wahrnehmung Müntzers in der breiten Öffentlichkeit macht ihn zu einem der größten Unbequemen unserer Geschichte. Doch dieses Bild als Agitator ist dennoch ungerecht, weil es nur einen winzigen Teil seines Werkes, seiner Tätigkeit und seiner Persönlichkeit zeigt – den Teil, der ganz am Ende seines Wirkens steht.

Denn Müntzer war eigentlich kein Prediger der Gewalt. Nein, er war ein echter Kirchenreformer, ein Mystiker, engagierter Prediger und Sozialrevolutionär.

Wenn wir auch nur eine Ahnung vom wahren Thomas Müntzer bekommen wollen, dann müssen wir das Stereotyp des politisierten Predigers beiseiteschieben. Aber das fällt schwer, weil wir am genauesten über seine letzten fünf, sechs Lebensjahre Bescheid wissen – die Zeit seiner zunehmenden Radikalisierung.

Über Müntzers Kinder- und Jugendzeit indessen ist wenig bekannt, seine Geburt in Stolberg (Harz) vermutet man im Jahr 1488 oder 1489. 1501 zog er mit seinen Eltern nach Quedlinburg, wo er die Schule besuchte. Aus ärmlichen Verhältnissen stammte er wohl nicht, denn er konnte immerhin ein Studium beginnen. Seine Immatrikulation an der Universität Leipzig im Jahre 1506 ist denn auch das erste archivalisch überlieferte Zeichen von ihm.

Das Studium in Leipzig muss er allerdings abgebrochen haben, denn 1512 immatrikulierte er sich an der Universität Viadrina in Frankfurt an der Oder. Sein Studium dauerte ungewöhnlich lange, weil er sich gleichzeitig als Hilfslehrer in Aschersleben verdingte – vielleicht ein Zeichen dafür, dass seine Eltern zwar nicht arm, aber nicht so vermögend waren, dass sie ihm den Unterhalt hätten finanzieren können.

Das wenige, was aus seiner Jugend- und Studienzeit überliefert ist, wird erweitert durch Andeutungen und kleine Bemerkungen, die Müntzer später in seinen Reden und Schriften machte: Seine Jugend und das erste Stadium des Erwachsenseins erschienen ihm als eine einzige harte Bewährung. Selbstzweifel, Unsicherheit im Hinblick auf seine Berufswahl, die Zukunft und vor allem seinen Glauben – eine mittelschwere, vielleicht sogar schwere Depression würden wir heute sagen und eine Therapie empfehlen. Doch Müntzer sah das selbstverständlich anders: Seine tiefen Zweifel hatte er durchleben müssen, um ganz leer zu werden, und ganz leer hatte er werden müssen, um seine ureigene Aufgabe zu finden, ganz von ihr erfüllt zu sein.

Prägend war sicherlich auch die Zeit, in die Thomas Müntzer hineingeboren wurde – mitten hinein in eine Umbruchzeit, die wir heute als „Frühe Neuzeit“ bezeichnen. Was aber kennzeichnete den Umbruch damals? Der geschlossene Kosmos des Mittelalters begann sich zu öffnen, zum Beispiel ausgelöst durch das Osmanische Reich: Dieses breitete sich immer weiter auf dem Balkan aus, bis seine Truppen schließlich Wien erreichten. Oder die Entdeckung Amerikas durch Kolumbus: Ein Strom von Edelmetallen floss damals von Südamerika über die Iberische Halbinsel nach Zentraleuropa, Handel und Geldwirtschaft spielten eine immer größere Rolle und ein neues Weltbild, der Humanismus, breitete sich aus. Gutenberg schuf die erste Buchdruckerei. Erlebt haben die Menschen in Mitteleuropa diesen neuen Zeithorizont jedoch nicht als Aufbruch, sondern als Bedrohung: „Um 1500 waren die Menschen davon überzeugt, im Ende der Welt zu leben, das heißt auch am Ende der Tage zu stehen, da Altes vergeht und Neues entsteht“, erklärt der Historiker Hans-Jürgen Goertz. „Im Ende der Welt zu stehen, bedeutete damals, sich selbst mitsamt seiner Zeit im Szenario der biblischen Apokalypse wiederzuerkennen.“

Denn während die Obrigkeit – weltliche wie geistliche – die neuen Möglichkeiten auskostete, ersann sie ständig neue Mittel und Wege, um aus den Untertanen die dafür nötigen Mittel herauszupressen.

Zu diesen Maßnahmen gehörte auch der päpstliche Ablasshandel, an dem Landesherren und -kirche tüchtig mitverdienten: „Sobald die Münz’ im Kasten klingt, die Seele aus dem Feuer springt!“ Nicht nur von außen gab es Kritik an der aufgeblähten, selbstgerechten und unangreifbaren katholischen Kirche, auch ihre Repräsentanten erkannten das Dilemma, waren aber trotz etlicher Konzilien nicht in der Lage, einen echten Wandel einzuleiten. Die große Reformation konnte nur von außen kommen und kritische Stimmen wie die von Girolamo Savonarola oder Jan Hus fanden immer mehr Gehör …

Hat Thomas Müntzer in seiner frühen Jugend von dieser Aufbruchstimmung im abgeschiedenen Harzvorland etwas gespürt? Oder erst während seiner Studienzeit in Leipzig und Frankfurt/Oder?

Darüber schweigen die Quellen, aber beides zusammen – die gesellschaftliche Umbruchzeit und die persönliche Bewährungsphase – ließen Müntzer zu einem unerschütterlichen Visionär werden: immun gegen Repressalien der Obrigkeit, denn immer wieder wurde er zunächst verwarnt und dann vertrieben. Aber auch immun gegen Kritik seiner Kollegen, auch der Reformer – immer wieder wurde er angefeindet und sah das als Bestätigung seines Weges.

Die meisten Visionäre haben einmal „klein“ angefangen, mit dem ersten Schritt – im Falle von Müntzer mit der Priesterweihe. Diese fand 1513 in der Diözese Halberstadt statt, danach war er als Priester in Braunschweig an der Michaeliskirche tätig. Eine entbehrungsreiche Zeit begann, denn damals konnten „Priesterstellen“ sehr unterschiedlich ausgestattet sein – die einen ließen die Amtsinhaber dick und träge werden, die anderen reichten nicht einmal zum Lebensunterhalt. Häufig beinhaltete eine Stelle beides, denn: Der Amtsinhaber ließ sich bezahlen und beauftragte einen schlecht bezahlten Kollegen mit der seelsorgerischen Tätigkeit.

Trotzdem war die Braunschweiger Zeit wichtig für Müntzer: Hier hatte er Kontakt mit einer Gemeinschaft wohlhabender Bürger, die einen freien Glauben praktizierten. Sie forderten – lange vor Luthers 99 Thesen – ein Ende des Ablasshandels und eine Erneuerung der Kirche. So ungewohnt es sein mag: Müntzer war kein abgefallener Anhänger Luthers – selbst in diesem Punkt trügt der Stempel, den Luther Müntzer verpasste: der Satan von Allstedt.

Um seinen Lebensunterhalt zu verdienen, musste Müntzer 1515/16 das Amt eines Präfekten im Kanonissenstift Frose bei Aschersleben annehmen. Dort errichtete er eine kleine Privatschule, in der begüterte Bürgersöhne unterrichtet wurden. Die Arbeit ließ ihm so viel Freiraum, dass er zwischen 1517 und 1519 mehrere Male Wittenberg besuchen konnte, wo Martin Luther wirkte.

Zunächst war Müntzer von Luther begeistert, denn dieser wetterte nicht nur gegen den Ablasshandel: keine Taten und erst recht kein Geld, nur der Glaube finde vor Gott Gehör. Er wollte die katholische Kirche eigentlich nur reformieren, doch als immer mehr Bischöfe, Fürsten und sogar der Papst ihn aufforderten, seine Lehre zu widerrufen, wurde seine Kritik fundamentaler. Was sich nicht mit dem Neuen Testament vertrug, das lehnte Luther ab: der Rückzug der Mönche aus dem Leben, die Priesterweihe, die Sonderstellung des Papstes als Nachfolger Petri.

Bis ins Jahr 1519 geht diese erste Phase der Beziehung Müntzer-Luther. Damals vertrat Müntzer erst einen Prediger in Jüterbog, dann wurde er zum Beichtvater der Zisterzienserinnen im Kloster Beuditz bei Weißenfels ernannt. Beide hatten viele Gemeinsamkeiten.

Das beweisen die ersten inhaltlichen Zeugnisse, die uns von Müntzer überliefert sind und aus dieser Zeit stammen: Autorität besäße nicht die Kirche, sondern allein das heilige Evangelium, das man jedoch jahrhundertelang unter die Bank gelegt und vergessen habe.

Dieser Tenor änderte sich auch nicht, als Müntzer ab Mai 1520 in Zwickau predigen durfte, zunächst als Vertretung in der Marienkirche, dann in der benachbarten Katharinenkirche. Die großen Gemeinden dort wollten einen Kirchenkritiker – und den bekamen sie.

Und das war Müntzers Botschaft: Statt heiliger Männer, die früher zu Bischöfen gemacht wurden, seien es nun „Tyrannen“, die es sich in ihrem Amt bequem machten. Nach Gutdünken könnten sie darüber entscheiden, ob der Papst das Oberhaupt der Kirche sei oder wann ein Konzil einberufen werde.

Das aber ging dem Stadtrat von Zwickau zu weit. Des Aufruhrs verdächtigt, wurde Müntzer 1521 der Stadt verwiesen. Den Empfang seines letzten Lohns zeichnet er ab mit: „Qui pro veritate militat in mundo“ – „Der für die Wahrheit in der Welt kämpft“. Mit solcherlei Selbststilisierungen sollte er auch in Zukunft nicht sparen, etwa wenn er sich immer wieder als „Knecht Gottes“, „Knecht der Auserwählten“ oder „Thomas Müntzer mit dem Hammer“ bezeichnete. Auf diese Weise brauchte er sein ständiges Anecken bei Freund und Feind nicht auf seinen Eigensinn zurückführen, sondern auf einen gegebenen Auftrag, auf eine innere Berufung.

Ob selbst gewählt oder vom Schicksal bestimmt – seine Unbequemlichkeit ließ ihn in den folgenden zwei Jahren keine Ruhe finden: Von Zwickau aus ging er nach Prag, wo die Reformation mit Jan Hus ihren Anfang genommen hatte. Hier verfasste er ein Manifest, das höchst polemisch die Herrschaft der Kirche und ihrer Repräsentanten angreift, die „beelzebubischen Knechte und Bösewichte“ und ihren „neronischen, heiligen, verknöcherten Papst, den Nachttopf zu Rom“: „Wie können sie denn Gottes Diener sein, Träger des Worts“, denn „sie wissen auf die heilige Schrift keine Erfahrung, die sie gefühlt haben, in Erklärungen anzuwenden.“

Doch auch in der Stadt des Jan Hus nahm man seine Thesen kaum ernst, Müntzer fand auch hier keine Mitstreiter und so zog er weiter über Jena, Erfurt und Weimar nach Glaucha bei Halle, wo er einige Zeit als Kaplan tätig war.

Innere Gelassenheit und äußerer Zorn

Doch auch innerlich blieb er ein Getriebener, ein Unbequemer – so suchte er die Auseinandersetzung mit Luther, doch der nahm Müntzer zunächst gar nicht wahr. Daher begann Müntzer, Luther immer heftiger zu attackieren – seine Wut auf die „buchstabigen Gelehrten“ wurde immer größer. Diese ersetzten seiner Meinung nach einfach eine alte Doktrin durch eine neue. Luther stellte das geschriebene Wort Gottes, die Bibel, in das Zentrum des Glaubens, nur das Wort. Wie es im Johannesevangelium heißt: „Am Anfang war das Wort, und das Wort war bei Gott.“

Thomas Müntzer dagegen sah in der Bibel eine Sammlung von Zeugnissen, in denen erleuchtete Seelen ihre Erfahrung mit dem lebendigen Gott schildern. Es bleibe jedoch „äußerliches Wort“, welches allerdings dazu führen könne, ein „innerliches Wort“ zu empfangen. Einem Eislebener Freund schrieb er: Der Gläubige müsse „erdulden, daß Gott die ganze Schrift in ihm wahrmache ... Laßt die Erbsaligkeit (Leiden) eine Unterrichtung und Übung und Untergang eures Glaubens sein durch Jesus Christus.“ Müntzer verlangte eine Verankerung des Glaubens in einer unerschütterlichen Basis, einem Erweckungserlebnis – das ist der Weg der mystischen Selbstvergewisserung. Die Mystik war im mittelalterlichen Deutschland vor allem durch Meister Eckard verbreitet worden: „Das Christentum muss zur inneren Erleuchtung werden – oder es ist nichts wert!“

Es ging jedoch auch schon damals um die Frage, welchen Stellenwert die Aussagen über den historischen Jesus haben: Muss man daran glauben, dass er tatsächlich von den Toten auferstanden ist und gen Himmel fuhr?

Luther hatte die Bibel ins Deutsche übersetzt, weil er von der Offenbarung durch die Schrift überzeugt war – nur durch die Schrift: „Luther meinte damit, jeder, der auf die biblische Botschaft, dass Christus auch für ihn gestorben sei, höre, könne und dürfe sich vorbehaltlos von Gott angenommen wissen", erläutert der Theologe Arnulf Zitelmann.

Das war für Müntzer zu wenig, ja es war ihm nichts: Man solle an den Glauben glauben. Wahrer Glaube stellte für ihn nur ein von Gott ausgelöstes Ereignis im Zentrum der Seele dar – ob es geschieht, liege allein an Gott, denn sein „Geist weht, wo er will" (Johannesevangelium). Damit aber Gott wirken könne, sei eben nicht Frömmelei gefragt, sondern ein Zustand der inneren Leere und des Leidens: „Keiner mag sagen, daß er ein Christ sei, so er durch sein Kreuz nicht vorhin empfindlich wird, Gottes Wort und Werk zu erwarten ... Gott redet allein in die Leiblichkeit der Kreaturen, welche die Herzen der Ungläubigen nicht haben ... Der Ungläubige will durch keinen Weg mit seinem Leiden Christi gleichförmig werden, er wills nur mit honigsüßen Gedanken ausrichten." Nur wer das Nichts ertragen kann, das Tal der Hoffnungslosigkeit durchschritten hat, ist reif für die wahre Erfahrung, die sich in Träumen, Visionen und inneren Stimmen zeige: „Gott der Allmächtige weiset die rechten Gesichte und Träume seinen geliebten Freunden am allermeisten in ihrer höchsten Betrübnis."

Im äußeren Leben kam Müntzer nur ein einziges Mal etwas zur Ruhe, – als er Ostern 1523 Pastor an der Johanniskirche im sächsischen Allstedt wurde. Diese Zeit nutzte er, um nach einem angemessenen evangelischen Gottesdienst zu suchen. Seine Ungeduld, die er dabei an den Tag legte, – als wisse er von der knappen Zeit, die ihm vergönnt war – ließ ihn zu einem der Vorreiter des deutschsprachigen Gottesdienstes werden. Er ließ den Altar so ausrichten, dass der Pfarrer auf die Gemeinde schaute und nicht wie zuvor von der Gemeinde abgewandt nach Osten. Für seine Gottesdienste übersetzte er Teile der Bibel ins Deutsche und komponierte und textete Kirchenlieder, von denen sich einige noch heute in evangelischen und katholischen Gesangbüchern finden, wie etwa die Hymnusübertragung EG 3 (GL 116) „Gott, heilger Schöpfer aller Stern". Dazu gehört ferner sein „Allstedter Kirchenamt" und die „Deutsch-Evangelische Messe", die mehrmals nachgedruckt und noch lange Zeit vielerorts in Sachsen und Thüringen im Gottesdienst genutzt wurden. Dabei versuchte er, die in Allstedt eingeführte lateinische, spätmittelalterliche Gregorianik ohne Umwege ins Deutsche zu übertragen. Der Erfolg war ihm gewiss, nicht nur bei seiner Allstedter Gemeinde, die aus der Umgebung immer mehr Zulauf erfuhr. In Wittenberg verfolgte man diese Entwicklung allerdings mit großen Bedenken. Führte dieser Erfolg dazu, dass Luther 1526 in seiner „Deutschen Messe" auf gregorianische Gesänge zugunsten deutschsprachiger Lieder verzichtete, um sich scharf von Müntzer abzusetzen? Was auch immer der Grund sein mochte, seiner neuen Kirche raubte Luther auch noch die letzte Wurzel möglicher mystischer Erfahrung. Lutherisch sein heißt seither: das Wort lesen, das Wort singen und an das Wort glauben.

In seiner Allstedter Zeit begegnete Thomas Müntzer wohl erstmals den ärmsten Schichten hautnah. Die innere Erleuchtung war ihm nicht genug – er verlangte ein Eingreifen in die Welt. Deshalb begann er, eine „Kirche von unten" zu predigen, und zur Absicherung des neuen Glaubens ließ er die Gläubigen, die nicht nur aus seiner eigenen Gemeinde kamen, einen „Bund" schließen: Alle sollten bedrohten Gemeinden zu Hilfe eilen. Als der Graf Ernst von Mansfeld Müntzer im Herbst 1523 verbot, in Allstedt zu predigen, zog er Müntzers Unmut auf sich. Denn die weltlichen Herrscher hätten kein Recht, sich gegen das Evangelium zu stellen. Als ein Hilferuf aus dem benachbarten Sangershausen eintraf, wollte der Allstedter Bund zuschlagen. Müntzer riet jedoch ab – die Zeit sei noch nicht reif; die Kunde von dieser Bewegung drang bis zum Landesherrn Johann, Kurfürst von Sachsen, einem Anhänger der Reformation.

Der Amtsmann von Allstedt empfahl dem Kurfürsten, Müntzer doch selbst einmal zu hören, und so hielt dieser am 13. Juli 1524 seine sogenannte „Fürstenpredigt". Schon der Einstieg zeigt das Programm: „Nachdem mich der allmächtige Gott zum ernsten Prediger gemacht hat, so pfleg ich auch die lautbaren beweglichen Posaunen zu blasen, daß sie erhallen mit dem Eifer der Kunst Gottes, keinen Menschen auf dieser Erden zu verschonen, der dem Wort Gottes widerstrebt, wie Gott selber durch den Propheten befohlen hat (Jesaja Kapitel 58)."

Müntzer räumt dem Landesherren keine privilegierte Stellung ein – alle, auch Herrscher und Geistliche, seien Gottes Knechte. Ein Umsturz der Gesellschaftspyramide im Handstreich – wie sein Biograf Gerhard Wehr urteilt: „Ohne lange über die Ideale zu theoretisieren, die zweieinhalb Jahrhunderte später durch die Französische Revolution ausgerufen werden sollten, legt Müntzer seinem politischen Tun die Prinzipien der Freiheit, der Gleichheit und der Brüderlichkeit als selbstverständlich angesehene Elemente der Menschenrechte zugrunde."

Vordergründig legte Müntzer in seiner „Predigt" das zweite Kapitel des Buches Daniel aus: Die dort genannten vier Weltreiche der Apokalypse ergänzte er durch ein fünftes: die Epoche der Gegenwart, in der Arme, Unschuldige und Gläubige unterdrückt würden. Ein neuer Prophet – ein Daniel, ein Johannes, der Täufer, besser noch ein Elias – stünde zu erwarten, einer, der es mit Jesus' Worten halte: „Ich bin nicht gekommen, Frieden zu bringen, sondern das Schwert!" Indirekt kritisierte er die sozialen Missstände seiner Zeit, doch vor allem ging es um die Rolle der Regenten in der Reformation.

Wie auch Luther stützte er seine Obrigkeitslehre auf Paulus' Römerbrief: „Wer Gutes tut, braucht die Herrschenden nicht zu fürchten." Es sei die Pflicht der Obrigkeit, die christlichen Untertanen vor äußeren und inneren Feinden zu schützen. Und wer in diesem Moment die größte Bedrohung für den neuen Glauben war, musste Müntzer nicht extra erwähnen ...

Denn die von Johannes in der Apokalypse beschriebene, mit Purpur bekleidete Hure Babylons sei niemand anderes als die römisch-katholische Kirche. „Ein gottloser Mensch hat kein Recht zu leben, wo er die Frommen behindert", wetterte er schließlich, „wie uns Essen und Trinken ein Lebensmittel ist, so ist es auch das Schwert, um die Gottlosen zu vertilgen."

Auf seine Predigt erhielt Müntzer keine Reaktion. Hätte der Kurfürst das reformatorische Allstedt gegen den altgläubigen Grafen von Mansfeld militärisch verteidigt, hätte das den Beginn eines Religionskrieges in

Sachsen bedeuten können. Stattdessen wurde Müntzer untersagt, Schriften ohne vorherige Durchsicht der Zensur zu veröffentlichen, – woran er sich natürlich nicht hielt.

So musste er im August 1524 von Allstedt nach Mühlhausen fliehen, wo er in Heinrich Pfeiffer, dem ehemaligen Zisterziensermönch, einen Gesinnungsgenossen fand. Kaum angekommen, radikalisierte Müntzer seine Ansichten weiter: Das Wort Gottes im Innern vernommen, bedürfe nicht unbedingt des äußeren Wortes der Bibel. Den Beweis sah er darin, dass die Propheten noch gar nicht über die Bibel verfügten, als sie die Stimme des Herrn vernahmen. Und mehr noch: Man müsse gar nicht unbedingt die Bibel kennen, um wahrhaft gläubig zu werden. Aus all dem zog er die weitreichende Konsequenz: Auch Nichtchristen ist der Weg zur Stimme Gottes frei. Doch während er im Verhältnis Gott und Mensch Großzügigkeit walten ließ, verengte sich sein Blick, wenn es um weltliche oder geistliche Machthaber ging. Hier machte er regelrecht die neuen Feinde aus: Die von Gott verlassenen weltlichen Machthaber sollten ebenso fallen wie die Baalspfaffen, zu denen Müntzer nicht nur Priester und Bischöfe der römisch-katholischen Kirche zählte, sondern mittlerweile auch die Weggefährten Luthers.

Tötet die Baalspfaffen!

Über die Ursachen der Bauernkriege um 1525 sind sich die Historiker bis heute nicht einig. Waren es vor allem wirtschaftliche Not, soziales Elend oder die täglich erfahrene Ungerechtigkeit von Seiten der Mächtigen (Grundherren, Geistlichkeit und Landesfürsten), oder kamen alle diese Faktoren zusammen und führten dann zu den Aufständen, die sich rasch ausbreiteten?

Was auch immer die genauen Ursachen und wirkmächtigen Faktoren gewesen sein mögen, – „gemeinsam war allen [Beteiligten] die Absicht, Not und Bedrückung durch einen Aufstand zu beseitigen, die Herrschaft geistlicher und weltlicher Grundherrschaft zu brechen und ein kommunal-republikanisches, gelegentlich auch ein kommunal-theokratisches Gemeinwesen aufzubauen“, fasst Hans-Jürgen Goertz, Historiker der Frühen Neuzeit, zusammen.

Der Zusammenhang zwischen Reformation und Bauernkriegen wurde bisher jedoch vor allem ideologisch – in West und Ost zudem sehr unterschiedlich – beurteilt: In der sozialistischen Geschichtsschreibung gehörten beide Phänomene unbedingt zusammen und markierten den Beginn des Übergangs vom Feudalismus zum Kapitalismus, in der westlichen Geschichtsschreibung dagegen wurde diese Verbindung einfach abgestritten. Schließlich hatte es Bauernaufstände bereits im 13. und 14. Jahrhundert in der Schweiz, Flandern und Frankreich, im 15. Jahrhundert in Böhmen („Bundschuh") und um 1514 in Württemberg gegeben, also lange vor der Reformation. Die Verbindung zwischen Reformation und Bürgerkrieg – so lässt sich diese Argumentation weiterführen – wurde vor allem durch eine Person herbeigeführt: Thomas Müntzer – wie unbequem.

Luther dagegen nahm in der gesellschaftlichen Machtfrage prinzipiell eine andere Stellung ein. Seiner Meinung nach gäbe es zwei Reiche, das der geistigen und das der weltlichen Herrschaft, die voneinander getrennt sein sollen. Im göttlichen Bereich zähle nur der Glaube und die Buße, im weltlichen Bereich indessen das Wort und die Gewalt der Herrscher.

Für die Bauern hieß das: Sie sollten sich in Gelassenheit üben und die Obrigkeit respektieren, die wiederum die vorläufige Ordnung aufrecht erhalten sollte. Luther hatte sich nur mit der weltlichen Herrschaft angelegt, aber nur, weil er dazu gezwungen wurde. Und es war ein weltlicher Herrscher, unter dessen Schutz er floh.

Für Müntzer dagegen könnte der Nietzsche-Spruch gelten: Was fällt, das soll man stoßen! Jetzt, wo eine weltliche Obrigkeit gemeinsam mit den Baalspfaffen um das Goldene Kalb tanzte und sich die Bauern erhoben, wollte er den Heilsplan Gottes schnell und möglichst endgültig ins Werk setzen.

Um 1525 schwappte eine Welle der Empörung und des Aufruhrs über ganz Deutschland hinweg, wobei besonders heftig traf es die Pfalz, Oberschwaben, Franken, den Odenwald, das Allgäu, den Oberrhein und Thüringen.

Schon im Frühjahr war am Oberrhein eine Proklamation verlesen worden: die „Zwölf Artikel". Darin forderten die Bauern unter anderem die Abschaffung der Leibeigenschaft, die freie Wahl des Pfarrers und eine freie Nutzung der Allmende, etwa das Brennholzschlagen im Wald. Dabei beriefen sich die Bauern auf altes Recht und auf die Heilige Schrift. Weder die Reformation noch Thomas Müntzer waren für diese Forderungen verantwortlich.

Erst nach Ausbruch der Aufstände versuchte Müntzer zu dem Anführer der Revolte zu werden, den wir aus den Geschichtsbüchern kennen. Er bereiste die Aufstandsgebiete – allerdings mit mäßigem Erfolg, denn zum Rädelsführer wurde er nicht. Im Februar 1525 kehrte er nach Mühlhausen zurück, wo man ihn zum Pfarrer der Marienkirche wählte.

Als die Stadt eine Bürgerwehr aufstellte, um sich gegen den katholisch gesinnten Landesherrn zur Wehr zu setzen, versuchte sich Müntzer mit einer Feldpredigt an deren Spitze zu stellen – und wurde prompt vom Stadtrat zurückgepfiffen. Erst als um Ostern herum die Aufstandswelle Thüringen erreichte und mobilgemacht wurde, konnten sich Müntzer und Heinrich Pfeiffer endlich an ihre Spitze stellen.

Auch Luther reiste in die Aufstandsgebiete. Dort wollte er beruhigen, die Bauern zur Vernunft bringen oder zur Aufgabe überreden. Doch seine Zwei-Reiche-Lehre kam nicht an, stattdessen wurden ihm Steine hinterher geworfen. Schon fühlten sich die Bauern als Vollstrecker göttlicher Gerechtigkeit, doch die einzelnen „Haufen“ schlugen planlos und unkoordiniert zu. Auch Müntzers Haufen brandschatzte einzelne Klöster und Schlösser, seinen Aufruf zu einem Feldzug gegen den Grafen von Mansfeld ignorierten die Bauern jedoch. Stattdessen folgten sie einem Hilferuf aus Frankenhausen, und so kam es am 15. Mai 1525 in der gleichnamigen Schlacht zu schweren Kämpfen, die mit der totalen Niederlage für die Bauern endete. Erst wurden sie von der Artillerie zusammengeschossen, dann rieben die Ritter die restlichen Bauern auf – 6000 fanden dabei den Tod.

Müntzer wurde gefangen genommen und in die Festung Heldrungen gebracht. Dort wurde er auf Befehl Graf Ernsts II. von Mansfeld gefoltert und schrieb auf dessen Geheiß einen Abschiedsbrief. Darin rief er die Bauern zwar zur Beendigung der Kämpfe auf, ohne aber seine Ziele ganz zu verraten. Am 27. Mai enthauptete man ihn draußen vor dem Stadttor, wo sein Kopf auf einem Pfahl ausgestellt wurde.

Die Bilanz der Bauernkriege: rund 100 000 Tote. Damit hatten die Grund- und Landesherren zwar ein Exempel statuiert, gleichzeitig jedoch eröffneten sich für die Bauern in der Folgezeit Möglichkeiten, ihre Rechte besser durchzusetzen.

Was bleibt von Thomas Müntzer?

Materiell hat er uns nur wenig hinterlassen: zwei Messliturgien, fünf umfangreiche Traktate und eine Reihe von Briefen. Aber seine ideelle Hinterlassenschaft ist bis heute – nach 500 Jahren – immer noch nicht ausgelotet.

Daran ist vor allem Luther Schuld, der im Jahr 1533 bei einer seiner zünftigen Tischreden bekannte: „Ebenso (wie Erasmus) habe ich auch Müntzer getötet; der Tod liegt auf meinem Hals. Ich tat es aber deshalb, weil er selbst meinen Christus töten wollte." Jahrhunderte lang blieb das Müntzerbild in Deutschland durch Martin Luthers Urteil und Wirken geprägt. Müntzer war und blieb „der Satan von Allstedt". Das zeigt sich sogar in der spärlichen bildlichen Überlieferung: Von Thomas Müntzer gibt es nur eine Abbildung, einen Holzschnitt, der allerdings lange Zeit nach seinem Tod entstand, also sicherlich nicht authentisch ist. Darauf sieht Müntzer klein und gedrungen aus, während Martin Luther als schlanke Gestalt mit Charakterkopf dargestellt wird. Soll uns das sagen: Müntzer war so etwas wie der kleine Bruder im Reformationspersonal, zu kurz gekommen, unbeachtet und deshalb so wütend?

Erst Friedrich Engels und dann der Sozialdemokrat Karl Kautsky rechneten mit diesem Bild gegen Ende des 19. Jahrhunderts ab: „Die wütenden Angriffe, welche die Anwälte der herrschenden Klassen seit Luther und Melanchthon bis auf unsere Tage gegen Müntzer mehr als gegen jeden anderen Revolutionär seiner Zeit richten, sind gerade das mächtigste Mittel geworden, das Andenken an ihn im Volke wach zu halten ..."

Darin steckt keine Dialektik, sondern nur die einfache Logik des Klassenkampfes: Was der Klassenfeind verachtet, das kann nur gut sein.

Daran hat sich dann auch der erste sozialistische Staat auf deutschem Boden, die „Deutsche Demokratische Republik", orientiert. Hier wurde Müntzer als Sozialrevolutionär stilisiert, der den frühen Klassenkampf predigte, und dafür wurde er geehrt: Mit dem Abdruck seines Konterfeis auf der 5-Mark-Banknote, mit Gedenkmünzen und Ehrenmedaillen sowie einem Denkmal, auf dem er mit der einen Hand die Bibel hält, mit der anderen den Knauf eines Schwertes (wofür es natürlich keine historischen Belege gibt). Straßen, Plätze, Schulen, FDJ-Gruppen, Landwirtschaftliche Produktionsgenossenschaften und Einheiten der NVA wurden nach ihm benannt. Sowohl sein Geburtsort Stolberg wie auch der Ort seines Todes Mühlhausen erhielten den Zusatz „Thomas-Müntzer-Stadt", der ideologisch konsequent mit der Wiedervereinigung gestrichen wurde.

Müntzer im Kalten Krieg

Die Ost-West-Teilung hatte die Müntzer-Forschung polarisiert, aber sie hat zumindest zu Stellungnahmen gezwungen.

So versuchten DDR-Historiker immer wieder mithilfe des historischen Materialismus und allerlei Konstruktionen, Müntzer eine frühe Rolle im revolutionären Entstehungsprozess der bürgerlichen Gesellschaft zu geben. Das konnte jedoch nur gelingen, wenn ein klarer Bruch zwischen Müntzers theologisch-reformatorischem und seinem sozialrevolutionärem Engagement angenommen wurde, – wofür es aber keine hinreichenden Belege gibt.

Noch ein Jahr vor der Wende erklärte Erich Honecker im *Neuen Deutschland*: „Mit dem Wirken Thomas Müntzers verbinden sich historische Erfahrungen und Lehren, die in die Gestaltung des Bündnisses der Arbeiterklasse mit der werktätigen Bauernschaft und mit allen anderen um gesellschaftlichen Fortschritt ringenden Kräften eingeflossen sind."

Im Westen dagegen rückte vor allem Müntzers theologisches Denken in den Mittelpunkt, vor allem seine mystisch-apokalyptische Endzeiterwartung ... Für die Mehrheit der Bundesbürger blieb er ein Unbekannter.

Noch heute urteilt das ökumenische Heiligenlexikon kurz und knapp: „Theologisch war Müntzers ‚Chiliasmus' nicht wirklich ernst zu nehmen."

Kann man Müntzer so einfach abtun?

Nur einzelne Wissenschaftler wie Ernst Bloch und Hans-Jürgen Goertz setzten sich über diese Ost-West-Vereinnahmung hinweg – und fanden in Müntzer den mystischen Revolutionär: „In dieser aus dem Geist der

Mystik entwickelten Theologe wird Rechtfertigung und Heiligung ineinandergedacht, wird die Umgestaltung der Welt in den Prozess hineingezogen, in dem Gott das Heil im Menschen wirkt. Dem revolutionären Umbruch im Inneren, so wird der Heilungsprozess empfunden und beschrieben, entspricht der revolutionäre Umbruch im Äußeren", resümiert Goertz.

Doch nach zwanzig Jahren Wiedervereinigung, nach schmerzlichen Mitgliederverlusten für die großen Kirchen, steht – was die Verkörperung der Reformation angeht – Luther unangefochten da. Luther, Luther über alles! Da ist kein Platz mehr für andere Reformatoren. Dabei sind immer mehr Protestanten der nüchtern-reformistisch-lutherischen Welt überdrüssig, – trotz Führungsgestalten wie Margot Käßmann. Hier könnte Müntzer inspirieren: Seine Lehre steht für eine gelebte Innerlichkeit, die zugleich als radikaler Humanismus und Gerechtigkeitssinn zur Praxis drängt.

Seine Theologie vereinigt reformatorische mit spirituellen, täuferisch-bekennenden, apokalyptischen und sozialrevolutionären Aspekten – und das ganz ohne wirkliche Anleihen bei anderen Religionen oder esoterischen Kulten.

Thomas Müntzer wird ein Unbequemer bleiben, solange wir uns nicht auch außerhalb der Historiker- und Theologenzunft ernsthaft mit ihm beschäftigen.

Warlord oder Visionär?
Feldherr Albrecht von Wallenstein

(1583–1634)

Das Heilige Römische Reich Deutscher Nation in den Jahren 1633/34.

Kaum hatte Kaiser Ferdinand II. Albrecht von Wallenstein wieder zu seinem „Generalissimus“ ernannt, konnte dieser das protestantische Heer unter Führung der Schweden gleich in zwei Schlachten in ihre Schranken weisen.

Doch ausgerechnet mit dem Tod des Schwedenkönigs Gustav Adolf folgten die Probleme. Statt mit weiteren militärischen Schachzügen die Führungslosigkeit der Gegner auszunutzen, begann der oberste Befehlshaber der kaiserlichen Heere zu zögern. Warum handelte er nicht?

Hätte er wenigstens seine bewährte Ermattungsstrategie eingesetzt, um die feindlichen Heere weiter ausbluten zu lassen. Nein, stattdessen bot er – ohne Absprache mit dem Kaiser – dem Feind einen Waffenstillstand und weitere Friedensverhandlungen an. Hatte er nach 15 Jahren genialer Kriegstaktik plötzlich neue Einsichten in die menschliche Natur gewonnen, die ihn innehalten ließen? Hatte er – der protestantisch Erzogene und dann zum Katholizismus Konvertierte – nach 15 Jahren Krieg das große Ganze im Auge?

Hatte er nicht mehr seine Position und den Erhalt seines Heeres im Kopf, sondern den Frieden? Oder moderner ausgedrückt: War ihm eine Vision gekommen, die ihn nicht mehr losließ? Oder war sein Zögern schließlich ganz irdischen Gründen geschuldet, hatten ihn seine zahlreichen Krankheiten entscheidungs- und handlungsunfähig werden lassen?

Diese Fragen geben Rätsel auf, sie sind es auch, die ihn zu einem der großen unbequemen Deutschen machen. Doch es gibt noch weitere: War der größte Feldherr der frühen Neuzeit eigentlich Deutscher oder Tscheche? War er Feldherr oder Befehlshaber einer Söldnerarmee, die mit Billigung des habsburgischen Kaisers auf eigene Rechnung operierte?

Wurde Wallenstein am Ende zum Verräter an seinem Glauben und seiner Treue zum Kaiser? Oder wurde er zum Vordenker, der als oberster Militär mit einem Mal die Grenzen seiner Zunft erkannte und daraus die Konsequenzen zog? War demzufolge sein Tod die Hinrichtung eines zu Recht Verurteilten oder einfach nur ein kaltblütiger Mord?

Mit diesen Fragen beschäftigten sich die Historiker über die Maßen, allein bis zum Ersten Weltkrieg erschienen über 3000 Abhandlungen über Wallenstein – erst Aufstieg und Fall der Nationalsozialisten sollten eine ähnliche Faszination bei ihnen auslösen.

Aber das Wallenstein-Bild unserer historischen Kollektiverinnerung wurde vor allem von Literaten geprägt: Schiller setzte dem unbequemen Feldherren mit seiner Wallenstein-Trilogie ein literarisches Denkmal, es folgten August Strindberg, Ricarda Huch sowie Alfred Döblin. Und Golo Mann sollte schließlich den Versuch unternehmen, die Biografie Wallensteins in erzählende Geschichtsschreibung zu bannen.

Doch der Reihe nach. Fangen wir mit einigen biografischen Details an. Allein schon die simple Frage nach seiner Herkunft – Tscheche oder Deutscher? – lässt sich nicht mit einem Wort beantworten.

Der Mann, der als Albrecht Wenzel Eusebius von Wallenstein, Herzog von Friedland, berühmt und gefürchtet war, wurde am 24. September 1583 im böhmischen Hermanitz nicht etwa ins Geschlecht der Wallenstein, sondern in das böhmische Adelsgeschlecht der „Valdštejna“ hineingeboren – das ist Tschechisch und heißt auf deutsch „Waldstein“, nicht „Wallenstein“. Wie so viele Details dieses Lebens setzte sich auch die Namenssetzung erst mit Schillers Schriften durch. Allerdings geht diese Namensvariante auf den Feldherren und späteren Herzog von Friedland selbst zurück, der hin und wieder so unterschrieb und von Zeitgenossen auch der „Wallensteiner“ genannt wurde. Entsprechend der wechselhaften Geschichte Böhmens wird Wallenstein je nach nationaler Perspektive mal als Deutscher, mal als Tscheche betrachtet – beides Setzungen im

Nachhinein, denn mit dem damaligen Identitätsbewusstsein und den Grenzziehungen haben sie nichts zu tun.

Damals war Böhmen stark genug, um den Menschen als identitätsstiftendes Heimatland zu dienen. Das Heilige Römische Reich Deutscher Nation dagegen war nichts anderes als ein protestantisch-katholischer Flickenteppich, der als Spielwiese der eigentlichen europäischen Mächte – vor allem Frankreichs, des katholischen Hauses Habsburg mit Österreich und Spanien im Verbund und dem protestantischen Skandinavien – herhalten musste.

Zu den vielen Wallenstein-Legenden gehört auch, dass Albrecht Wenzel Eusebius dem ärmlichen Landadel entstamme und deshalb später von wütenden Zeitgenossen auch als „Bauerntölpel" und „Emporkömmling" beschimpft wurde. Tatsächlich ist umstritten, ob 1595 der Vater – die Mutter war bereits zwei Jahre zuvor gestorben – den drei Kindern neben dem Gut Hermanitz ein kleines Vermögen hinterließ. Umstritten ist auch, wie Albrecht Wenzel Eusebius seine umfassende Bildung erwarb – vermutlich unterstützt durch einen längeren Italienaufenthalt. „Er war ein Mann von gründlicher Humanistenbildung", urteilt sein renommierter Biograf Helmut Diwald, „und diese Tatsache müssen wir hinnehmen, auch wenn unklar bleibt, wie Wallenstein die Bildung eigentlich erworben hat, wo und durch wen."

Von einem ungebildeten Aufsteiger kann bei Wallenstein also keine Rede sein. Als er im Alter von 19 Jahren als Edelknabe in die Dienste des Markgrafen Karl von Burgau trat, traf er zwei wichtige Entscheidungen: Er konvertierte zum katholischen Glauben und begann, so gut wie ausschließlich die deutsche Sprache zu nutzen, die er bis dahin nur unvollkommen beherrscht hatte. Auch seine militärische Karriere begann bescheiden: 1604 wurde er Fähnrich, dann Hauptmann in einem kaiserlich-böhmischen Regiment, das erfolglos gegen den Aufstand ungarischer Protestanten eingesetzt wurde. Wallenstein trug dabei eine Verwundung davon und steckte sich mit dem Fleckfieber an, bekam aber auch erstmals gewisse Leitungsfunktionen zugeteilt.

Was war das für eine Welt, in die der junge Wallenstein hineinwuchs? Aus sozialgeschichtlicher Sicht streiten sich die Historiker noch darüber, ob die Zustände zu Beginn des 17. Jahrhunderts im Deutschen Reich es rechtfertigen, als umfassende „Krise" bezeichnet zu werden. „Gleichwohl wurde auch in Darstellungen des Dreißigjährigen Krieges gelegentlich umgangssprachlich von Krisenerscheinungen geredet: in aller Breite, von apokalyptischer Stimmung, Hexenverfolgungen, ökonomischen und staatlichen Krisen, aber auch verfassungsrechtlichen und politischen", fasst Hans-Jürgen Goertz zusammen.

Und auf der Ereignisebene lassen sich gleich mehrere Konflikte ausmachen, die alle mehr oder weniger mit dem beinahe ein Jahrhundert währenden Konfessionsstreit zu tun hatten: Rund ein halbes Jahrhundert hielt der in Augsburg gestiftete Religionsfrieden mehr schlecht als recht. So verhängte Kaiser Rudolf II. im Jahre 1607 die Reichsacht über das bayerisch-schwäbische Donauwörth, weil es – eine freie Reichsstadt, aber eben in Bayern gelegen – die Reformationsbewegung unterstützte. Mit Gewalt rekatholisierte Herzog Maximilian von Bayern die Stadt und verwandelte sie in einen bayerischen „Pfandbesitz".

1608 schlossen sich deshalb protestantische Stände und Reichsstädte vor allem aus Süddeutschland zu einer „Union" zusammen, die ihre Rechte garantieren sollte. Ein Jahr später gründeten süddeutsche und rheinische geistliche Herren die Katholische Liga, die Kampffront der Gegenreformation. Ihr Anführer wurde der Herzog Maximilian, weitere geistliche Herren und katholische Reichsstände schlossen sich an.

Auch zwischen den beiden mächtigsten Männern im Heiligen Römischen Reich – den Habsburger Brüdern Rudolf II., dem aktuellen Kaiser, und seinem Bruder und möglichen Nachfolger, Erzherzog Matthias – kriselte es gewaltig. Rudolf II. wollte seinem Bruder nicht die Thronfolge sichern, sondern schickte ihn auf eine unmögliche Mission nach Ungarn, wo er gleichzeitig gegen rebellierende Protestanten und die Türken vorgehen musste. Gegen den Willen des Kaisers traf Matthias eine Vereinbarung mit den protestantischen Ständen – beinahe wären die beiden daraufhin gegeneinander in den Krieg gezogen.

In den kommenden Jahren internationalisierten sich diese Konflikte weiter: Um die Habsburger zu schwächen, stellten sich die Franzosen im niederländisch-spanischen Konflikt auf die Seite der protestantischen Niederländer, und der Papst wiederum stellte sich hinter die Franzosen. Die Protestantische Union verbündete sich mit England sowie den Niederlanden und schloss Verträge mit Frankreich und Schweden.

Die Frage war deshalb nicht, ob ein Krieg in Mitteleuropa ausbrechen würde, sondern nur noch, wo er seinen Anfang nehmen würde.

Um seinen Rückhalt in Böhmen zu stärken, sicherte nun 1609 Kaiser Rudolf II., zugleich König von Böhmen, in einem „Majestätsbrief" den dortigen protestantischen Ständen die volle Religionsfreiheit zu.

Im gleichen Jahr heiratete Wallenstein die mährische Witwe Lukrezia von Witschkow – eine gute Partie, weshalb er bald das elterliche Gut Hermanitz aufgab und sich als mährischer Magnat niederließ. Die Geschichtsschreibung bewertet diese Hochzeit als Kalkül, weil die von Witschkow deutlich älter und zudem vermögend gewesen sein soll. Tatsächlich aber war Lukrezia nur wenig älter als ihr neuer Ehemann. Tatsache ist jedoch auch, dass selbige bereits 1614, also nach fünfjähriger Ehe starb. Und Tatsache ist auch, dass Wallenstein ohne das ihm dadurch zufallende Erbe seine späteren Heeresprojekte und Machtträume nie hätte realisieren können.

Doch sein Ansehen war in der Zwischenzeit auch so gewachsen: 1610 hatten ihn die böhmischen Stände zum Musterungskommissar ernannt, der ein Regiment böhmischer Musketiere zur Grenzverteidigung aufstellen konnte. 1612 wurde er zum kaiserlichen Kämmerer bestellt und 1615 wählten ihn die mährischen Stände zum Obristen eines Infanterieregiments.

In dieser Zeit entschied sich auch der Habsburger Bruderzwist: 1611 wählten die Böhmen Matthias zu ihrem König, und 1612 war der alte Kaiser so weit isoliert, dass Matthias auch zum römisch-deutschen Kaiser gewählt werden konnte. Doch als Kaiser zeigte er keine große Eigeninitiative und so erfolgte fünf Jahre später – betrieben durch die kaiserlichen Berater – die Kehrtwende: Der kinderlose und stark kränkelnde Matthias ließ seinen konservativen, streng katholischen Vetter Erzherzog Ferdinand II., Herzog der Steiermark, zum König von Böhmen wählen und sicherte ihm die Nachfolge als Kaiser zu.

Mit der Ernennung Ferdinands zum König von Böhmen brach jedoch Matthias die von ihm selbst gemachten Zusagen an den böhmischen Adel, denn wie zu erwarten, begann der Habsburger sogleich, die religiösen und politischen Freiheiten dort zu beschneiden.

Und so kam es am 23. Mai 1618 in Prag zu dem allseits bekannten Vorfall am Fenster: Aufgebrachte Bürger warfen zwei Beamte des Habsburgers aus der Prager Burg. Wie durch ein Wunder überlebten die beiden Sündenböcke diesen Steilflug aus 17 Meter Höhe, der als Prager Fenstersturz in die Geschichte eingehen sollte. Die Böhmen ernannten daraufhin den Pfälzer Kurfürsten Friedrich V. zu ihrem König. Als schließlich der verhasste Ferdinand II. dann auch noch zum deutschen Kaiser gewählt wurde, war es mit der Geduld vieler deutscher protestantischer Fürsten endgültig vorbei.

Reich, aber ohne Profil

Eigentlich hätte die niedergeschlagene Rebellion in Böhmen ein regionaler Konflikt bleiben können. Doch der Kaiser fühlte sich zu schwach und rief deshalb Sachsen, Bayern und die Katholische Liga um Hilfe, die ein gewaltiges Heer unter Führung des erfahrenen Johann t'Serclaes Graf von Tilly aufstellten.

Bis zu diesem Zeitpunkt war Wallenstein für seine Umgebung weitgehend ein „Mann ohne Eigenschaften" geblieben, wie sein Biograf Diwald zitiert: „reich, aber ohne Profil!" Doch nun während des böhmischen Aufstandes endete sein bis dahin unauffälliges Leben. Nicht genug damit, dass er sich nicht den Aufständischen anschloss – in einem Coup raubte er mit seinen Männern die Kriegskasse der böhmischen und mährischen Stände und überreichte sie untertänigst dem Kaiser.

Wallensteins kleine Privatarmee, die Ferdinand II. bereits zwei Jahre zuvor bei einem Konflikt auf italienischem Boden zu Hilfe geeilt war, schloss sich dem Heer Tillys an und gemeinsam schlugen sie die böhmischen Truppen 1620 in der Schlacht am Weißen Berg in gerade einmal zwei Stunden.

Weil er hart gegen die Aufständischen vorging – die Führer des Aufstandes wurden demonstrativ hingerichtet – und zudem anbot, die Kriegskosten aus dem Land herauszupressen, wurde er zum Militärgouverneur von Böhmen ernannt. Obwohl seine Familie mit dem halben Adel Böhmens verwandt war, setzte Wallenstein drakonische Strafen und Enteignungen gegen die Landesstände durch. Hier zeigte sich zum ersten Mal sein „ökonomisches" Talent, denn gleichzeitig hatte er als Mitglied eines Konsortiums für ein Jahr das Münzprägerecht erworben. Diese Gruppe streckte den Silberanteil der Münzen heimlich bis auf ein Viertel des ursprünglichen Gehaltes und löste mit der vermehrten Münzausgabe eine Inflation aus.

Wallensteins direkter Gewinn am Münzkonsortium war gering, aber mit den gestreckten Münzen konnte er eine stattliche Anzahl jener Ländereien ankaufen, die er zuvor enteignet hatte. So brachte er die Herrschaft Friedland (Preis: 160 000 gestreckte Gulden) und rund 60 weitere große Wirtschaftsgüter in seinen Besitz. Der Kaiser belohnte ihn noch dafür: Er fasste Wallensteins neuen Besitz im Jahre 1627 zum Herzogtum Friedland zusammen und erhob Wallenstein in den Fürstenstand, der damit viele wichtige Privilegien erhielt.

Wallenstein wiederum verwandelte sein Friedland in wirtschaftliches Musterland, indem er es streng auf die Rüstungsfertigung ausrichtete: Pulvermühlen, Waffenschmieden, Sattlereien, Tuchmachereien und große Schneidereien stellten von Waffen über Munition bis zu Uniformen alles her, was der spätere Feldherr für seine Soldaten brauchte.

Doch Wallenstein war mit diesen ökonomischen Erfolgen nicht zufrieden, sondern suchte auch den militärischen Ruhm. Seine Chance kam im Herbst 1625, als der Dänenkönig Christian III. ins Geschehen eingriff, nachdem Tillys Heer die Pfalz erobert und der Kaiser den Bayernkönig Maximilian anstelle des aus Böhmen und auch aus der Pfalz geflohenen Friedrich V. zum Kurfürsten ernannt hatte.

Der europäische Hochadel hatte Friedrich V. und seiner Gattin während des böhmischen Krieges zwar nicht beigestanden, aber nun war das Gleichgewicht der Kräfte im ganzen deutschen Reich in Gefahr. Um ein Vordringen der Katholischen Liga in Richtung des protestantischen Nordens zu verhindern, verbündeten sich die niedersächsischen und mecklenburgischen Kreise unter Führung des Dänenkönigs und Herzogs von Holstein, stellten ein gewaltiges Heer auf und brachten es an der niedersächsischen Südgrenze in Stellung.

Der Kaiser war so gut wie pleite – allein die Beteiligung Sachsens und Bayerns am böhmischen Krieg hatte ihm 20 Millionen Gulden Schulden eingebracht. Als Wallenstein nun anbot, ein riesiges Heer aus eigenen Mitteln aufzustellen, ernannte ihn der Kaiser zum Generalissimus mit weitgehender Handlungsvollmacht.

Wallenstein wurde nun Projektmanager, Chefeinkäufer und Logistiker in einer Person, er kümmerte sich um alle militärischen, wirtschaftlichen und sozialen Belange seines Heeres gleichzeitig: Getreidevorräte anlegen, Rekrutierung neuer Söldner, einheitliche Uniformen (die Soldaten hatten bis dahin Schwierigkeiten, Freund und Feind auseinanderzuhalten), mobilere Kanonenmodelle entwickeln, Munition anfertigen und vieles mehr.

So konnten Tilly und Wallenstein, deren Heere erst getrennt und dann vereint agierten, die Protestanten in zwei Schlachten bei Lutter und Dessau besiegen und anschließend weite Teile Norddeutschlands besetzen.

Auch bei den Friedensverhandlungen erwies sich Wallenstein als zielstrebiger Pragmatiker. Als die Gespräche nicht vorankamen, rief er Vermittler zu Geheimverhandlungen ein. So konnte am 22. Mai der „Lübecker Frieden" unterzeichnet werden, der im Wesentlichen vorsah, dass der dänische König seine norddeutschen Provinzen zurückerhielt und sich nur noch in Reichsangelegenheiten einmischen sollte, wenn er als Herzog von Holstein oder als Reichsfürst davon betroffen war. Außerdem wurden Gefangene ausgetauscht. Auf Schadensersatz wurde verzichtet.

Noch weitaus genialer erwies Wallenstein sich jedoch als Geschäftsmann des Krieges, denn von kaiserlicher Seite war nicht die geringste finanzielle Zuwendung zu erwarten. „Der Weg, den Wallenstein aus dieser schwierigen Lage wählte, war ebenso genial wie skrupellos", urteilt der Historiker Christoph Kampmann. „Er zwang sämtliche Territorien, in denen sich seine Truppen aufhielten, Kriegssteuer zu entrichten, um seine Armee zu finanzieren."

Disziplinlosigkeit unter seinen Soldaten und Offizieren sowie Plünderungen ließ Wallenstein streng ahnden. Doch auch er musste die Regionen, in denen er Krieg führte, ausbeuten – und zwar alle. Dabei spielte es für ihn keine Rolle, ob es sich um Feinde, Freunde oder Neutrale handelte.

Dieses Vorgehen erzürnte natürlich vor allem diejenigen, die meinten, auf der richtigen Seite zu stehen: allen voran katholische und kaisertreue Fürstentümer und Reichsstädte.

Kriegskommissare handelten mit den jeweiligen Repräsentanten der Städte und Länder eine Geldsumme aus, mittels derer sie sich freikaufen konnten. Andernfalls drohte ihnen – auch wenn es nicht ausgesprochen wurde – die Plünderung durch die Soldaten. Was sich hier abspielte war eine systematische und vorsätzliche Erpressung fremden Eigentums unter Androhung des Abbrennens – im Übrigen die eigentliche Bedeutung des Wortes „brandschatzen". Wo immer Wallenstein mit seinem Heer auftauchte, brachte er Verderben. Doch zugleich gelang es ihm, das stärkste Heer Mitteleuropas aufzubauen – auf sein Kommando hörten im Jahr 1630 100 000 Mann.

Was mag er gedacht haben, was fühlte er, wer war er?

Wallensteins Motivation, seine inneren Triebkräfte sind für die historische Forschung unmittelbar nicht fassbar, denn er hinterließ so gut wie keine Selbstzeugnisse, etwa Schriften, Tagebücher oder Briefe. Wir sind also darauf angewiesen, aus seinen Handlungen und den Aussagen seiner Zeitgenossen Rückschlüsse auf den Menschen Wallenstein zu ziehen. So wird er einmal als jähzornig beschrieben, dann wieder sollen geduldiges Abwarten und im Hintergrundbleiben seine Stärken gewesen sein. Der kleinste gemeinsame Nenner ist vielleicht dieses: Er war genial und skrupellos.

Seinen Zeitgenossen allerdings wurde dieser Wallenstein nach dem Sieg über die Protestanten eindeutig zu mächtig. Deshalb schmiedeten die Kurfürsten 1630 auf dem Reichstag in Regensburg ein Komplott gegen den Generalissimus und konnten auf diese Weise den Kaiser überzeugen, Wallenstein von seiner Funktion zu entbinden. Das Kriegsglück wendete sich prompt.

Nachdem sich die Dänen ganz aus dem Krieg zurückgezogen hatten, zogen die Schweden unter der Führung ihres Königs Gustav Adolf gegen das Heer des katholischen Kaisers aus.

Mit ihren Schiffen landeten sie im Sommer 1630 auf Usedom und setzten sich Richtung Sachsen in Marsch. Dort stellten sie ihre Gegner in mehreren Schlachten und bereiteten ihnen dabei bei Breitenfeld in der Nähe Leipzigs eine schwere Niederlage. Nachdem die Schweden auch das katholische Heer unter der Führung von Tilly schlagen konnten, der während der Schlacht bei Rain am Lech am 15. April so schwer am rechten Schenkel verletzt wurde, dass er zwei Wochen später verstarb, war ihr siegreicher Durchmarsch Richtung Bayern ungebremst. Am 17. Mai zog Gustav Adolf in die Residenz seines erklärten Feindes Kurfürst Maximilian ein.

Wallenstein kam, siegte – und zauderte

Der Kaiser hatte keine andere Alternative, als sich einmal mehr an Wallenstein zu wenden. Denn das Heer der Katholischen Liga musste sich von seinen Verlusten erholen, und für das Anwerben eigener Truppen fehlten dem überschuldeten Habsburger die Mittel. Also wurde Wallenstein erneut in seine Funktion als oberster Befehlshaber und Truppenbeschaffer eingesetzt.

Für sein zweites Generalat erhielt er noch mehr Vollmachten als für seine erstes – u. a. auch das Recht, eigenständig diplomatische Verhandlungen zu führen.

Im Juli 1632 vereinte er sein neues Heer mit dem geschlagenen des Kurfürsten Maximilian. Und nachdem Wallenstein die Sachsen aus Böhmen vertrieben hatte, setzte er gegen das Schwedenheer auf seine bewährte Ermattungsstrategie: sein eigenes Heer schonen und gleichzeitig den Gegner vor dem eigentlichen Waffengang schwächen und in die Defensive treiben. So schnitt er die Schweden von ihrer Versorgungs- und Rückzugslinie – der Ostsee – ab, indem er sich ihnen auf der Höhe Nürnbergs in den Weg stellte. Über zwei Monate standen sich daraufhin die Heere gegenüber: Gustav Adolfs Truppen in Nürnberg und Wallenstein mit seinem Heer auf der Anhöhe Alte Veste nahe Fürth. Dort hatte er sich verschanzt.

Einen ersten Verlierer dieses Konfliktes gab es unmittelbar: die Bevölkerung von Nürnberg und Umgebung. Denn die Blockade und die hinzuströmenden Flüchtlinge ließen die Versorgung zusammenbrechen – Hunger, Seuchen und marodierende Soldaten lösten später in der Stadt ein regelrechtes Massensterben aus. Anfang September prallten dann endlich die beiden Heere in einer mehrtägigen Schlacht an der Alten Veste aufeinander. Nach schweren Verlusten auf beiden Seiten zogen sich die Schweden zurück. Aber nur, um kurze Zeit später in einer für sie strategisch günstigen Situation die erneute Konfrontation zu suchen: die Schlacht bei Lützen. Diese jedoch wurde für die Schweden zu einem echten Pyrrhussieg. De facto hatten sie zwar gewonnen, doch nach einem verlustreichen Tag hatten sich die beiden Gegner völlig verausgabt, und Wallenstein musste seine Truppen abziehen. Gustav Adolf indessen wurde schwer verwundet und starb.

Wallenstein wurde nach dieser Auseinandersetzung nachdenklich. Schon während des ganzen Krieges gegen schwedische und sächsisch-brandenburgische Truppen hatte er Geheimverhandlungen mit den Gegnern geführt. War er zu der Überzeugung gelangt, dass der Krieg mit militärischen Mitteln nicht mehr zu gewinnen war?

Jedenfalls verhielt er sich so, denn im Laufe des Jahres 1633 widersetzte sich Wallenstein immer mehr den Wünschen des Kaisers, dessen Emissäre wurden Zeuge der heftigen Wutattacken des Feldherrn. Im Juli schloss er gar eigenmächtig Frieden mit der sächsisch-brandenburgischen Armee. Warum aber verweigerte sich Wallenstein dem Kaiser zunehmend?

Hier kommen die Interpretationen ins Spiel: Hatte der zum Katholizismus Konvertierte nach 15 Jahren Krieg das Ende des Konfessionsstreites im Auge? Hatte er nicht mehr seinen Einfluss und den Erhalt des Heeres im Kopf, sondern den Frieden, als er sich entschloss mit den Gegnern zu verhandeln?

Deshalb stellt sich die Frage, ob Schillers Wallenstein-Triologie wenn auch nicht alle historischen Details, so doch den Kern der Auseinandersetzung trifft – schließlich hatte sich dieser auch als Historiker sehr ausführlich mit dem Dreißigjährigen Krieg beschäftigt. Besonders interessant ist zum Beispiel in „Wallensteins Tod", zweiter Akt, zweiter Auftritt die Begründung des Wallensteinschen Meinungsumschwungs:

„Zu Max: Wir werden mit den Schweden uns verbinden.
Sehr wackre Leute sinds und gute Freunde."

Als er merkt, dass er damit auf Unverständnis stößt, setzt er zu einem leidenschaftlichen Plädoyer gegen Schwarz-Weiß-Denken an, für eine Realpolitik, die auf Mitgefühl, aber auch Machtinstinkt und realistischer Menschenkenntnis basiert:

„WALLENSTEIN mit finsterm Stirnfalten, doch gemäßigt.
Schnell fertig ist die Jugend mit dem Wort,
Das schwer sich handhabt, wie des Messers Schneide,
Aus ihrem heißen Kopfe nimmt sie keck
Der Dinge Maß, die nur sich selber richten.
Gleich heißt ihr alles schändlich oder würdig,

Bös oder gut – und was die Einbildung
Phantastisch schleppt in diesen dunkeln Namen,
Das bürdet sie den Sachen auf und Wesen.
Eng ist die Welt, und das Gehirn ist weit,
Leicht beieinander wohnen die Gedanken,
Doch hart im Raume stoßen sich die Sachen,
Wo eines Platz nimmt, muß das andre rücken,
Wer nicht vertrieben sein will, muß vertreiben,
Da herrscht der Streit, und nur die Stärke siegt."

Ja, diese Sätze treffen den Nerv der Politik. Denn bis heute beschäftigt uns dieser Grundkonflikt zwischen moralischem Anspruch und politischer Machbarkeit, der hier bei Wallenstein zum Ausdruck kommt. Aber könnte das Plädoyer auch in weniger poetischer Form überhaupt von Wallenstein stammen? Oder hat Schiller den Stoff um Wallenstein genutzt und so aus ihm eine moralische Instanz gemacht?

Immerhin waren die meisten Historiker im 19. und frühen 20. Jahrhundert nur allzu bereit, dem Dichter in dieser Auslegung zu folgen. So urteilte Friedrich Meinecke 1952: „Wallenstein starb, als er den großen weltgeschichtlichen Prozeß mit ungenügender Kraft beschleunigen wollte, in dem der habsburgisch-katholische Universalismus des Zeitalters der Gegenreformation durch die Idee der Gleichberechtigung christlicher Bekenntnisse und des politischen Selbstbestimmungsrechts der Staaten abgelöst wurde."

Diese Aussage stammt aus einer Zeit, als man noch unbeschränkt an geniale und richtungsweisende Persönlichkeiten in der Geschichte glaubte. Die heutige Historikergeneration setzt da interpretatorisch niedriger an. Nach ausgiebigem Quellenstudium etwa kommt Christoph Kampmann zu einem bescheideneren Urteil: „Die Vermutung, Wallensteins Passivität habe mit hochfliegenden, auf Frieden und Reichseinheit zielenden politischen Zielen zu tun, ist nicht zu erhärten. Da er keine Selbstzeugnisse hinterlassen hat, wird hier ein Rest von Unsicherheit bleiben." Oder war es einfach nur – wie unbequem! – seine fortschreitende Krankheit, die ihn zur Passivität zwang?

Seit 1620 litt Wallenstein unter chronischen Gelenkentzündungen, die in den Füßen begannen und sich im ganzen Körper ausbreiteten. Im

Herbst 1629 musste er wochenlang liegen und reiste zur Kur nach Karlsbad. Bei der Schlacht von Lützen 1632 konnte er ein letztes Mal als Feldherr ein Pferd besteigen – danach war das nicht mehr möglich. Bei seiner Flucht nach Eger etwa musste er in einer Sänfte getragen werden. War der Grund dafür lediglich die Gicht oder – wie nach einer Untersuchung seines Skeletts von medizinischer Seite vermutet wird – Syphilis im Endstadium?

Ob seine politische Vision, der Wunsch nach Machterhalt oder bloßer physischer Verfall Wallenstein in die Isolation getrieben haben: Angesichts der dürftigen Indizien lässt sich keine der genannten Möglichkeiten überzeugend belegen.

Auch sein Ende durch ein Attentat, vom Kaiser selbst veranlasst beziehungsweise gebilligt, bleibt umstritten. War sein Tod die Hinrichtung eines zu Recht Verurteilten oder einfach nur ein politischer Mord?

Immerhin hatte Wallenstein die kaiserliche Erlaubnis bekommen, eigene Verhandlungen mit den Kriegsgegnern zu führen. Um dennoch die Verurteilung wegen Hochverrats zu rechtfertigen, zogen die kaiserlichen Berater ein weiteres Vergehen heran: Als er im Januar 1634 schon selbst ans Aufgeben dachte, hatten ihm seine Offiziere einen Treueeid bis auf den Tod geleistet. Genau darin sah der Kaiser einen klaren Verrat gegen seine allerhöchste Suprematie! War am Ende Wallenstein von einem bestochenen Offizier eine Falle gestellt worden? Auch diese Frage muss unbeantwortet bleiben.

Nach der in Prag veröffentlichten Anklage wegen Hochverrats verließen immer mehr ranghohe Offiziere Wallensteins Lager, und so kam es am 25. Februar 1634 in Eger, wohin Wallenstein geflohen war, zum Showdown. Nachdem seine treuesten Offiziere durch eine Falle festgesetzt worden waren, drangen Soldaten unter Führung des Hauptmanns Walter Deveroux ins Haus des Stadtkommandanten ein, ermordeten seine letzten getreuen Offiziere und schließlich Wallenstein selbst. Sie erstachen ihn.

Seine Mörder und Gegner wurden anschließend mit Wallensteins konfisziertem Vermögen belohnt beziehungsweise ruhig gestellt. Die Zeitgenossen indessen sahen Anklage, Tod und Vermögensverlust Wallensteins sehr gelassen. Als sich Anfang März die Todesnachricht im geschundenen Deutschen Reich verbreitete, blieb eine größere Reaktion aus. Trauer oder Beileidsbekundungen von Zeitgenossen für Wallenstein sind nicht überliefert. Heutige Historiker überrascht das nicht, denn Wallenstein hatte eine derartige Sonderstellung, dass ihn die meisten Menschen womöglich gar nicht einordnen konnten, schlimmstenfalls sogar als Störenfried ansahen.

Was sagt die Geschichtsschreibung?

Der Versuch, ihn als Visionär einer überkonfessionellen Friedensordnung darzustellen, wurde in der jüngeren Zeit abgelöst von dem Erklärungsansatz, ihn als eine Art frühen Söldnerführer – einen Warlord – zu sehen. Allem Anschein nach war Wallenstein eher ein unpolitischer Mensch, ein kühler Stratege, der mit guter Planung und Gründlichkeit seine Aufgabe erledigte – immer auch darauf bedacht, dass sich seine Macht und sein Reichtum dabei mehrten.

„Wallenstein stellte nicht seine militärisch bestimmte Machtposition in den Dienst der Politik, sondern seine Politik stellte er in den Dienst seiner militärischen Obergewalt und den weiteren Ausbau dieser Position“, urteilt Kampmann.

Aber auch hier bleibt es nicht bei der Feststellung, dass er der Prototyp des modernen Führers eines Söldnerheeres war. Wir wollen deshalb eine Antwort auf die Frage versuchen, warum sich Menschen einspannen lassen für das Geschäft der Vernichtung und Zerstörung. Und im Falle Wallensteins: Wie konnte ein Mann von adliger Abstammung mit humanistischer Bildung und klarem Verstand, dazu auch noch wohlhabend geworden – wie konnte dieser Mann alles andere beiseiteschieben, um sich vollkommen dem Geschäft des Tötens zu widmen, noch dazu auf eigene Rechnung?

Hier, in dieser frühen Phase der Neuzeit, liegen die Gründe sicherlich auch in den Möglichkeiten und Zwängen politischer Herrschaft selbst begründet. Für uns heute schwer verständlich, weil wir in zahllosen staatlichen oder zivilgesellschaftlichen Institutionen eingebunden sind. Doch ein Blick in die Geschichte zeigt, dass fast alle politischen Einheiten, alle Institutionen in ihrer Entstehungszeit unter gewaltförmigen Konflikten entstanden oder erstritten worden sind. Heute sehen wir vor allem in Ländern mit schwachen Staaten oder Bürgerkriegsgebieten, wie Gewalt um sich greift und eine Eigendynamik entwickelt, fangen an zu begreifen, wie eng verwoben etwa Krieg und Wirtschaft sind, und dass sie, währen sie nur lange genug, alles in ihre Einflusssphäre ziehen. Ein Verlierer allerdings ist damals wie heute klar auszumachen: die Bevölkerung. Wohin die Heere auch zogen, sie hinterließen eine Schneise der Verwüstung. Sämtliche Vorräte wurden beschlagnahmt, Häuser und Felder zerstört. Aus Rache oder Langeweile wurde gefoltert, vergewaltigt und gemordet. Was geschah, beschreibt Johann Jakob Christoffel von Grimmelshausen in seinem Simplicissimus (1669) so: „Totschlagen und wieder zu Tod geschlagen werden. Jammer anstellen und wieder jämmerlich leiden ..."

Aber auch wenn der Tod allgegenwärtig war, bleibt uns der unbequeme Wallenstein eine Antwort schuldig, und es drängt sich der Verdacht auf: War er einfach nur ein genialer Organisator, ein menschlicher Hurrikan, der sich um ein leeres Zentrum drehte?

Vielleicht gibt es für sein Handeln keinen tieferen Grund, auch halten am Ende die Täter nicht inne und bereuen. Vielmehr werden sie einfach nur „aus dem Verkehr gezogen". Ein Blick in die Gefängniszellen des Menschengerichtshofs in Den Haag scheint dies für uns heute zu bestätigen.

Erst nach fast 30 Jahren hatten sich alle Kriegsteilnehmer so weit verausgabt, dass sie zum Einlenken bereit waren. Nach dreijährigen Verhandlungen einigte man sich 1648 auf ein umfangreiches Vertragswerk: Neben der Gleichstellung der beiden Konfessionen regelte der Westfälische Friede auch die Verfassungsverhältnisse im Reich und teilte die Herrschaftsgebiete neu auf. Teile Norddeutschlands fielen Schweden zu, Gebiete links des Rheins gingen an Frankreich, und der Rest von Deutschland verwandelte sich in einen wahren Flickenteppich lokaler Herrschaftsgebiete.

Die historischen Auswirkungen des Westfälischen Friedens werden recht kontrovers bewertet: Bildete er vor allem den Durchbruch zum modernen Völkerrecht und einer Gemeinschaft der Nationalstaaten?

Oder trug die folgende Kleinstaaterei wesentlich dazu bei, dass Deutschland zu einem nationalen Spätzünder wurde?

Wallenstein wird eine unbequeme, weil nicht erklärbare Schlüsselfigur in dem bleiben, was als der „Dreißigjährige Krieg" im kollektiven Gedächtnis der Deutschen einen nachhaltigen Eindruck hinterließ. Mit dieser Ungewissheit muss die deutsche Geschichtsschreibung leben, oder sie muss weiter bei den Literaten suchen.

Genie oder Scharlatan? – Der Erfinder der Homöopathie Samuel Hahnemann

(1755–1843)

Sein aufwendiges Grabmonument aus Rosengranit liegt auf dem Pariser Prominentenfriedhof Père Lachaise, gleich in der Nachbarschaft von Honoré Daumier, Molière, Jean-François Champollion und Auguste Comte. Bis heute ist es das Ziel vieler Pilger aus aller Welt.

Seine letzten und ruhmreichsten Jahre hatte der Begründer der Homöopathie in Frankreich verbracht, wo er so berühmte Patienten versorgte wie den Antikenräuber im diplomatischen Dienst Lord Elgin, den Stargeiger Niccolò Paganini, den Schriftsteller Eugène Sue und den Bankier James Meyer Rothschild.

Das größte Hahnemann-Denkmal jedoch steht mitten in Washington D. C., denn in den USA feierte die Homöopathie in der zweiten Hälfte des 19. Jahrhunderts größte Erfolge, und als sie dann dort im 20. Jahrhundert an Popularität verlor, wurde man in anderen Ländern auf sie aufmerksam.

In Indien etwa sind heute über eine halbe Million Ärzte und Heiler eingetragene Homöopathen. Und trotz heftiger Anfeindungen seitens der Schulmedizin gehört die homöopathische Behandlung von funktionalen Störungen in Großbritannien bis heute ganz selbstverständlich zur ärztlichen Grundversorgung – dafür hat der englische König Georg IV. nach dem Zweiten Weltkrieg höchstpersönlich gesorgt. Bis heute gehören die Windsors – allen voran Queen Elizabeth und Prinz Charles – zu den eifrigen Anhängern der Homöopathie.

Jedes andere Land wäre wohl stolz darauf, Heimat eines so bedeutenden und unkonventionellen Mediziners zu sein, dessen Methode seit über 200 Jahren größte Erfolge feiert.

Doch Deutschland tut sich schwer mit dem Hahnemann. Hier stehen sich seit der Begründung der Homöopathie gläubige Anhänger und strikte Gegner unversöhnlich gegenüber. Während die Anhänger versuchen, aus Hahnemann eine Art Lichtgestalt zu machen, versucht die aufgeklärte Öffentlichkeit mit Verweis auf wissenschaftliche Vergleichsstudien, das Verfahren als heiße Luft, beziehungsweise als geschütteltes Wasser abzutun.

Weder über die von ihm entwickelte Homöopathie noch über das Leben Samuel Hahnemanns lässt sich ein auch nur halbwegs tragbarer Konsens erzielen.

Allerdings macht es seine Lehre der Öffentlichkeit auch nicht leicht: Sie stellt nicht weniger als das gesamte System der Schulmedizin infrage. Denn ein bisschen Homöopathie – als zusätzliche Behandlung – kann es Hahnemanns Vorstellung nach nicht geben.

Ist es jedoch nur seine unkonventionelle Lehre, die ihn für uns zum Unbequemen macht? Oder liegt die Wurzel hierfür auch in der Rezeptionsgeschichte? So versuchten beispielsweise die NS-Ideologen aus der Homöopathie eine rein arische Heilkunde zu machen.

Oder aber ist unsere ambivalente Haltung in Leben und Charakter Hahnemanns selbst zu suchen?

„Not lehrt Denken“

Sowohl die Zeit als auch die Region, in die Christian Friedrich Samuel Hahnemann hineingeboren wurde, waren nicht gerade förderlich für einen angehenden medizinischen Universalgelehrten. Denn Sachsen, wo er am 10. April 1755 in Meißen an der Elbe zur Welt kam und aufwuchs, wurde von Kriegswirren gebeutelt. Im Zuge des Siebenjährigen Krieges war das Land Austragungsort mehrerer Schlachten – Dresden wurde während einer Belagerung weitgehend zerstört – und von der Preußischen Armee drei Jahre lang besetzt. Hinzu kam, dass Samuel in die Familie eines armen Porzellanmalers hineingeboren wurde.

Vielleicht verhält es sich jedoch auch umgekehrt und ein schwieriges Umfeld kann Energien und Talente freisetzen: „Not lehrt Denken", stellte Ernst Bloch kategorisch fest. Die Suche nach neuen Wegen und Lösungen ist in schwierigen Zeiten dringlicher als in sicheren und gesättigten.

Doch aller widrigen Umstände zum Trotz wurden die Menschen um Christian Friedrich Samuel herum früh auf seine Fähigkeiten – heute würden wir sagen Hochbegabung – aufmerksam. Deshalb erhielt er eine Freistelle an der Meißener Fürstenschule St. Afra und konnte später tatsächlich Medizin studieren.

Schon bald machten sich dort die drei für Hahnemann so charakteristischen Eigenschaften bemerkbar:

Erstens: ein kaum zähmbarer Wandertrieb. Dieser erfasste ihn schon als Medizinstudenten. Er studierte keine zwei Jahre in Leipzig (1775–1776), da zog es ihn nach Wien (1777), und kein Jahr später wechselte er schon nach Erlangen (1778–1779). In den folgenden Jahren bis 1805 wechselte er mehr als zwanzigmal seinen Wohnort.

Zweitens: ein kaum zu stillender Wissensdurst. Von Anfang an war ihm die Medizin nicht genug, er studierte noch Chemie und später Pharmazie. Hinzu kam das Studium etlicher Sprachen, darunter Arabisch und Hebräisch.

Und drittens: ein deutlicher Hang zur Besserwisserei. Sie hatte schon seinen Leipziger Professor Johann Gottfried Leonhardt dazu veranlasst, in sein Studienzeugnis zu schreiben: „Ungeschickt ist er nicht, aber schrecklich naseweis. Kein einziger Professor in Leipzig war ihm gelehrig genug."

Nach dem Studium folgte Hahnemann als Bibliothekar und Leibarzt zunächst dem Freiherrn Samuel von Brukenthal nach Hermannstadt, wo Letzterer als österreichischer Statthalter Siebenbürgen verwaltete. Zwei Jahre später ließ sich Hahnemann als Arzt in Hettstedt nieder. Doch diese Tätigkeit scheint ihn nicht ganz ausgefüllt zu haben, denn schon im folgenden Jahr absolvierte er eine pharmazeutische Ausbildung in Dessau. Dort lernte er im Hause des Apothekers Küchler Henriette, seine erste Frau, kennen, die er 1782 heiratete. Zu diesem Zeitpunkt lebte er aber bereits in Gommern, wo er Ende 1783 zum Stadt- und Amtsarzt ernannt wurde. Dagegen protestierte die zuständige Medizinische Fakultät der Universität Wittenberg: Hahnemann habe nur eine ausländische Promotion. Die hatte er im bayrischen Erlangen erworben. Um eine Zulassung für das Kurfürstentum Sachsen zu bekommen, musste er etliche Papiere nachreichen – darunter befand sich auch das oben zitierte Zeugnis seines früheren Leipziger Professors Leonhardt.

Nicht nur dieser bürokratischen Machtspiele wegen verachtete Hahnemann die etablierte Medizin seiner Zeit, sondern auch aufgrund ihrer unzureichenden Behandlungspraxis: Sie konzentrierte sich vor allem auf fragwürdige Methoden wie etwa Aderlass, Blutegel anlegen und Einläufe durchführen.

Nicht nur die Gesundheit des Stargeigers Paganini, den Hahnemann selbst zeitweise in Paris zum Patienten hatte, hatten Ärzte mit ihren fragwürdigen Methoden ruiniert. Da er schon als Jugendlicher übernervös gewesen war und unter Husten litt, wurden dem Musiker immer wieder Blutegel an den After und auf die Leberregion gesetzt. Quecksilbereinreibungen schädigten seine Zähne und Augen. Auch gegen seine peinlichen Dauererektionen ließen ihn die Ärzte zur Ader und setzten ihn auf Milchdiät, von der er stark zunahm.

Für Hahnemann war das alles nichts anderes als „Quacksalberei"! Er dagegen suchte neue Wege und experimentierte in den Bereichen Chemie, Pharmazie und Medizin. So erfand er eine Methode zur Überprüfung des Reinheitsgehaltes von Wein (die „Hahnemannsche Weinprobe"). Weil er sich insgesamt wenig um das Standesdenken kümmerte, hatte er oft Streit – mal mit Apothekern, mal mit Ärzten. Diese Auseinandersetzungen sowie der schwankende Erfolg seiner Arztpraxis ließen ihn immer wieder den Wohnort wechseln: Von Gommern siedelte er 1785 nach Dresden über, dann ging es von Lockwitz nach Leipzig und weiter in deren Vorstadt Stötteritz.

Haupteinnahmequelle jener Jahre war für ihn das Übersetzen von medizinischer Fachliteratur sowie Belletristik, um sich und seine stetig wachsende Familie zu ernähren.

Das Übersetzen und Abschreiben wurde zwar sehr schlecht bezahlt, aber Hahnemann, der unter anderem die griechische, lateinische, arabische, hebräische, englische und französische Sprache beherrschte, fand hier eine Möglichkeit, sein Wissen besonders in den Bereichen Medizin, Pharmakologie und Chemie durch Quellen aus anderen Kulturen zu erweitern und zu vertiefen. Duch seine Übersetzungsarbeit stieß er schließlich auf ein neuartiges Betätigungsfeld: das Experimentieren mit Wirkstoffen.

Der Weg der Selbstversuche

In der „Materia medica", dem Werk eines schottischen Pharmakologen, stieß Hahnemann 1790 auf die These, dass Chinarinde aufgrund ihrer magenfreundlichen Wirkung das Wechselfieber (Malaria) heilen könne. Vermutlich wegen seines eigenen Magenleidens beschloss Hahnemann, die Droge auszuprobieren. Den Selbstversuch beschrieb er für die Nachwelt detailliert: „Ich nahm des Versuchs halber etliche Tage zweimal täglich jedes Mal 4 Quäntchen (rund 6,5 g) gute China ein, die Füße, die Fingerspitzen und so weiter wurden mir erst kalt, ich ward matt und schläfrig, dann fing das Herz an zu klopfen, mein Puls ward hart und geschwind; eine unleidliche Ängstlichkeit, ein Zittern (aber ohne Schaudern), eine Abgeschlagenheit durch alle Glieder; dann ein Klopfen im Kopf, Röte der Wangen, Durst, kurz alle mir sonst beim Wechselfieber gewöhnlichen Symptome erschienen nacheinander; doch ohne eigentliche Fieberschauer.

Auch die mir bei Wechselfieber gewöhnlichen besonders charakteristischen Symptome, die Stumpfheit der Sinne, die Art von Steifigkeit in allen Gelenken, besonders aber die taube widrige Empfindung, welche in dem Periostium über allen Knochen des ganzen Körpers ihren Sitz zu haben scheint, alle erschienen. Dieser Zustand dauerte 2 bis 3 Stunden jedes Mal und erneuerte sich, wenn ich die Gabe wiederholte, sonst nicht. Ich hörte auf und ich war gesund."

Dieser Versuch wird von den Hahnemann-Gegnern immer wieder ins Feld geführt: Er habe sich eindeutig geirrt!

Denn unabhängige Überprüfungen dieses Experimentes haben immer wieder ergeben: Die von Hahnemann eingenommene Dosis Chinarinde löst bei gesunden Menschen keine Temperaturerhöhung aus.

Allerdings weist der Medizinhistoriker und Hahnemann-Biograf Wolfram Jütte darauf hin, dass „man im 18. Jahrhundert Fieber noch in einem viel weiteren Sinne als heute verstand ... [als] das Gefühl von Frost und Hitze in Verbindung mit einer Beschleunigung des Pulsschlages."

Und diese Reaktion tritt bei Menschen auf, die überempfindlich auf die Substanz reagieren, – was bei Hahnemann, der magenkrank war, wohl der Fall gewesen sein muss.

Die Argumentation der Gegner jedoch lautet: Weil sein Schlüsselerlebnis auf einer falschen Annahme basiert, muss die ganze Theorie falsch sein!

Die Geschichte der großen Entdeckungen zeigt jedoch, dass so etwas häufiger einmal vorkommt: Kolumbus fand Amerika, als er den Seeweg nach Indien suchte. Und die Pharmazeuten entwickelten „Viagra" eigentlich als Mittel zur Blutdrucksenkung und gegen Angina Pectoris. Dagegen allerdings wirkte es kaum, doch ältere männliche Probanden wollten aus bekannten Gründen ihre Pillen nicht zurückgeben ...

Der Weg zu einer Entdeckung ist demnach nicht so wichtig. Denn vor allem in ihrem weiteren Vorgehen bewiesen die Entdecker Konsequenz. So auch Hahnemann, wie der Medizinhistoriker Georg Bayr resümiert: „Der unglaubliche Zufall liegt aber in der Tatsache, dass sich der Satz ‚Similia similibus curentur', zu dem Hahnemanns China-Versuch den ersten Denkanstoß gab, in der therapeutischen Praxis bis heute weitreichend bewährt, obwohl Hahnemann gerade im Falle der China-Wirkung bei Malaria aus heutiger Sicht allem Anschein nach in einem zeitbedingten Irrtum befangen war, den er selbst zeitlebens nicht erkennen konnte."

Die Methode des Selbstversuches war im Übrigen damals in der Medizin nichts Neues. Bereits Hahnemanns Zeitgenosse, der Braunschweiger Anatom Georg Friedrich Hildebrandt, hatte die Vorzüge des Experimentes am eigenen Leib herausgestellt: Tierexperimente ließen sich nicht ohne Weiteres auf den Menschen übertragen. Bevor ein neues Mittel dem Kranken gegeben werden dürfe, solle der Arzt die Unschädlichkeit erweisen – möglichst an sich selbst.

Für die Erprobung neuer Therapien fehlte es den Ärzten an passenden Instrumenten, freiwilligen Patienten und an Geldern für langfristige Untersuchungsreihen. Vor allem jedoch stellte der Selbstversuch häufig die einzige Möglichkeit dar, in einer aussichtslosen Situation gegen die

Ignoranz der medizinischen Öffentlichkeit aufzustehen. Er demonstrierte in drastischer Form die Überzeugung des Mediziners von seiner Theorie.

Hier ein Beispiel für diese radikale ärztliche Praxis: Im französischen Spital des osmanischen Istanbul ließ sich 1803 der italienische Arzt Eusebio Valli eine Mischung aus Pest- und Pockeneiter spritzen. Er erkrankte nur leicht und wiederholte den Test mehrmals. So demonstrierte er überzeugend die Wirkungsweise einer Impfung.

Doch nicht immer verliefen diese Versuche so glimpflich und erfolgreich. 1816 wollte Valli in ähnlicher Weise die Immunisierung gegen Gelbfieber bewirken. Er rieb sich mit dem Hemd eines an Gelbfieber Verstorbenen ein und legte sich neben die Leiche. Kurz darauf starb er am Fieber.

Hahnemann indessen begnügte sich mit weniger aggressiven Selbstversuchen. Wie es seine Art war, systematisch und bereit, größte Anstrengungen auf sich zu nehmen erprobte er nach und nach immer mehr Drogen, Gifte und einfachste Substanzen. Und zwar in folgender Reihenfolge:

Zuerst machte er den Selbstversuch, dann war seine Frau an der Reihe. Es folgten etliche der Kinder, die im Laufe der Zeit auf die stattliche Zahl von elf angewachsen waren. Schließlich hatten seine Freunde das Vergnügen, der Wissenschaft einen Dienst erweisen zu dürfen.

Erst dann galten ihm die Mittel als geprüft, und er setzte sie bei der Behandlung seiner Patienten ein – und zwar genau bei den Symptomen, welche die Mittel bei den Gesunden hervorgerufen hatten. Darüber hinaus verbot er sich jede „übersinnliche Ergrüblung über die verborgenen, unbekannten Vorgänge, die im Körper vor sich gehen“.

„Genesungs-Anstalt“ für Geisteskranke und „Organon der rationellen Heilkunde“

Doch vom Experimentieren allein kann man nicht leben. Die Jahre bis 1810, als er sein Hauptwerk “Organon der rationellen Heilkunde“ veröffentlichte, waren gekennzeichnet durch andauernde Umzüge, immer neue Publikationen und Versuche, um ein tragfähiges ökonomisches Standbein für sich und seine ständig wachsende Familie zu finden.

1792 war er nach Gotha gezogen, wo er zusammen mit dem Freund und Verleger Rudolf Zacharias Becker eine „Genesungs-Anstalt" für Geisteskranke eröffnete – die erste humane Psychiatrie weltweit.

Bis dahin wurden Geisteskranke vor allem in den Zucht- und Armenhäusern der Städte untergebracht. Bestenfalls überließ man sie sich selbst, so dass sie in übler Weise verwahrlosten, in der Regel jedoch wurden sie von den Wärtern sehr roh behandelt und häufig auch geschlagen.

Hahnemann nahm sich dieses Problems mit dem ihm eigenen Eifer an: Seine Genesungsanstalt, für die der Landesvater sogar eine alte Sommerresidenz zur Verfügung stellte, sollte nur „vier Wahnsinnige und melancholische Personen" beherbergen. Diese sollten für die stolze Jahresgebühr von 1000 Reichstalern intensiv betreut werden. Unter diesen finanziellen Bedingungen fand sich aber nur ein Patient ein: der Schriftsteller und geheime Kanzleisekretär Friedrich Arnold Klockenbring. Als dieser bereits im Frühjahr 1793 als geheilt entlassen wurde, musste Hahnemann das Haus mangels neuer Patienten schließen.

Und wieder weiterziehen – in den folgenden Jahren über Molschleben, Göttingen und Pyrmont, Wolfenbüttel, Braunschweig nach Königslutter, wo er es immerhin knapp drei Jahre aushielt.

Trotz dieses unsteten Lebens behielt Hahnemann sein Lebenswerk im Blick und publizierte 1811 und 1821 die beiden Bände seiner „Reinen Arzneimittellehre", in denen er die Ergebnisse seiner rund dreißigjährigen Experimente zusammenfasste: rund 100 Arzneimittel, mit denen sich ein großer Teil der damals vorherrschenden Krankheiten behandeln ließ.

Bei Koliken verordnete er Colocynthis, weil es Symptome von Koliken verursacht. Bei Durchfall verordnete er Rheum palmatum, weil es abführend wirkt.

Zum neuen überraschenden Grundsatz seiner Heilkunst wurde es, „Ähnliches mit Ähnlichem zu heilen": „Wähle, um sanft, schnell, gewiss und dauerhaft zu heilen, in jedem Krankheitsfall eine Arznei, welche ein ähnliches Leiden für sich erregen kann, als sie heilen soll."

Wirkrichtung der Homöopathie ist nicht die schnelle Unterdrückung einer Krankheit, sondern die Stärkung der Lebenskraft. „Die Lebenskraft ist nichts anderes als der natürliche Abwehrmechanismus des Organismus, bestehend aus retikulo-endothelialem System (RES) und psycho-neuro-endokrinem System (PNES)", erläutert der renommierte indische Mediziner und Homöopath S. M. Gunavante. „Es ist bekannt, dass dieser Mechanismus, der auch Immunsystem genannt wird, die Kräfte bündelt, um den Organismus zu schützen, wenn er durch schädigende äußere Kräfte bedroht wird."

Die Reaktionen des Immunsystems äußern sich in Symptomen wie Fieber, Schmerz oder Schleimbildung. Fieber dient der Vernichtung von Viren, Schleim dem Abtransport reizender Substanzen und Fremdkörper.

Die Homöopathie sieht darin die gesunde Antwort des Organismus auf krankmachende Bedrohungen. Ist bei einem Erkrankten die Immunantwort zu schwach ausgefallen, soll die homöopathische Arznei die Symptome zunächst verstärken (Erstverschlimmerung) und damit die Körperabwehr stimulieren.

Hahnemanns Nachfolger haben den Grundstock von 100 erprobten Mitteln auf fast 2000 Wirkmittel erweitert, die so gut wie alle bekannten Krankheiten und ihre Symptome abdecken sollen.

Er selbst war diesbezüglich – ausnahmsweise – bescheidener gewesen und erkannte durchaus die Grenzen seiner Methode. So führte er viele Krankheiten seiner Zeit auf die damals weit verbreitete, durch Milben übertragene Krätze zurück. Auch war er der Überzeugung, dass bestimmte Epidemien wie Typhus und Cholera durch Kleinstlebewesen verbreitet würden und empfahl die Bekämpfung mit Antiseptika.

Wie seine Krankenjournale zeigen, verordnete er in der Anfangszeit seiner neuen Heilkunde noch unverdünnte Wirkstoffdosen wie die bekannte Chinarinde oder häufiger auch Milchpulver als seine Form des Placebos.

1811 schließlich fand der ruhelose Mediziner nach langer Wanderschaft eine Heimat: Er wurde Privatdozent an der Universität Leipzig. Immerhin war er zu diesem Zeitpunkt schon 56 Jahre alt. Aber seine Lehre der Homöopathie war gerade erst vollendet. Auch die Namensfindung hatte

Zeit benötigt: Erst 1807 hatte er das erste Mal von homöopathisch (griech.: homöo = ähnlich, gleichartig) gesprochen und 1810 für die Bezeichnung seiner Lehre den Begriff „Homöopathie" gewählt. Viele zufriedene Patienten führten zu einer schnellen Verbreitung der Homöopathie, und 1819 wurde Hahnemann zum Leibarzt des Herzogs von Köthen-Anhalt ernannt.

1 : 100 Trilliarden

Immer wieder traten bei der Medikation seiner Patienten nicht nur die erwünschten Erstverschlimmerungen, sondern auch leichte bis schwere Nebenwirkungen auf. Deshalb experimentierte Hahnemann mit dem Verdünnen der Wirkstoffe – meist, indem er sie in Wasser auflöste.

Als viele Patienten auch auf die verdünnten Wirkstoffe ansprachen und sich dadurch unerwünschte Nebenwirkungen vermeiden ließen, ging er auch diese Aufbereitungsform systematisch an.

Im Laufe des Jahres 1811 hatte Hahnemann das erste Mal über seine „Verdünnungen" berichtet – im Jahre 1827 pries er diese Aufbereitung als „Potenzierung". Denn er glaubte herausgefunden zu haben, dass die Wirkung seiner Mittel durch die Verdünnung nicht ab-, sondern zunehme.

Nicht so sehr das 1. Prinzip der Homöopathie „Ähnliches heilt Ähnliches", sondern das 2. Prinzip, die „Potenzierung", wurde in der Folge und bis heute zum Hauptangriffsziel der Schulmedizin. Gern rechnet man vor: Bei der Potenzierung D1 wird ein Tropfen Wirkstoff mit neun Tropfen Lösungsmittel vermischt, bei der nächsten Stufe (D2) wird wieder um das Zehnfache verdünnt ... bei der Potenzierung D9 erhält man eins zu einer Milliarde, bei D23 bereits eins zu 100 Trilliarden.

Diese Aufrechnung soll zeigen, wie absurd die Vorstellung sei, von diesen potenzierten Mitteln könne eine Wirkung ausgehen.

Doch die Vorstellung, dass nur von wechselwirkenden Molekülen eine Reaktion ausgehen könne, ist eine rein mechanistische – Physik des 19. Jahrhunderts. Nicht nur die Quantenphysik hat diese Sichtweise infrage gestellt. Außerdem vergessen die Verfechter der Schulmedizin gern: Die

Medizin kann keine exakte Wissenschaft im Sinne der Naturwissenschaft werden. Denn diese definiert sich durch das Erklären von Ursache und Wirkung und die Reproduzierbarkeit der Ergebnisse. Eine exakte, alle Randbedingungen berücksichtigende Überprüfung medizinischer Wirkungen kann es nur in Laborexperimenten inhumaner Gesellschaften geben.

Die Medizin kommt aus der geisteswissenschaftlichen Tradition – sie hat es mit menschlichen Individuen zu tun, mit der Besonderheit von Konstitution, Vererbung, Umwelteinflüssen, die eigentlich nur durch genaues Beobachten erschließbar sind.

Anfänglich war das Selbstverständnis der Schulmedizin gar nicht so weit von Hahnemanns Herangehensweise entfernt – so sah der erste Mediziner der Charité, Hahnemanns Zeitgenosse Christoph Wilhelm Hufeland, den guten Arzt als einen Künstler, der solides Medizinwissen mit genialer Improvisation bei jedem Patienten neu kombinieren muss: „Wenn man es auch bei Todesstrafe befehlen wollte, würde doch der kenntnisreiche Arzt kein guter Arzt werden, wenn er das Gelernte nicht mit Genie den verschiedenen Naturen anzupassen verstände." Wenn die Heilkunst gedeihen solle, so müsse der Arzt wie ein freier Künstler behandelt werden.

Je stärker sich allerdings die Medizin dann vor allem im späten 19. und 20. Jahrhundert als Wissenschaft etablierte, desto mehr wurde das Erfahrungswissen geächtet. Der Arzt in seinem weißen Kittel bleibt auf der Beobachterseite, deutlich unterschieden von seinem Untersuchungsobjekt – ob Zellkultur, Versuchstier oder Patient.

Zwar kann die Schulmedizin auf etlichen Gebieten große Erfolge feiern – vor allem bei den Infektionskrankheiten und solchen Leiden, die sich auf chirurgischem Weg heilen lassen. Aber auf einer Reihe anderer Gebiete eben nicht, wozu vor allem die sogenannten funktionalen Störungen gehören. Hier gibt es subjektiv erfahrene Schmerzen oder Einschränkungen, obwohl alle Körperfunktionen in Ordnung zu sein scheinen.

Gerade hier erzielt die Homöopathie große Erfolge, weil sie die Krankheiten im größeren Zusammenhang des gesamten Organismus zu verstehen versucht. Ausführlichst erfasst der Homöopath in einer sogenannten Anamnese Leben und Krankengeschichte des Patienten, in denen sich seine einmalige körperlich-geistige Verfassung niederschlagen.

Dagegen glauben die meisten Schulmediziner, ihre Hauptarbeit getan zu haben, wenn sie die Symptome ihrer Patienten korrekt diagnostiziert haben. Dabei sind Krankheitstypen nur eine Hilfskonstruktion. Die medizinische Ausbildung verschaffe dem Arzt zwar eine gute Basis, so Hufeland, „kann ihm aber seine positive Bahn nicht vorzeichnen, da ihm nie zwey ganz gleiche Krankheitsfälle in der Natur vorliegen" [werden].

Zahlreiche Fachkollegen waren nun also zu Beginn über Hahnemann und seine Homöopathie hergefallen, doch dieser blieb davon unbeeindruckt – oder zumindest gab er es vor.

Als seine Frau 1830 starb, tat sich trotz aller Arbeit eine große Lücke in seinem Leben auf, zumindest solange bis die Liebe seiner späten Jahre auftauchte – die Französin Mélanie d'Hervilly. Eine unbedingte Verehrerin seines Werkes – und wie sich dann herausstellte – nicht nur des Werkes, sondern auch des Meisters selbst. Der Altersunterschied von knapp 45 Jahren machte ihr nichts aus. 1835 heirateten die beiden und Mélanie gelang es, den mittlerweile achtzigjährigen Hahnemann nach Paris zu locken. Dort logierten sie mit ihrer Dienerschaft in einem prachtvollen Haus in der Rue de Milan.

Hahnemann, der sein Leben vor allem reisend und überwiegend in bescheidenen Verhältnissen zugebracht hatte, lebte in der Pariser Gesellschaft mit ihren Salons und Kultureinrichtungen noch einmal richtig auf. Trotz seines fortgeschrittenen Alters verstand er es, das Gesellschaftsleben und seine ärztliche Tätigkeit unter einen Hut zu bringen. Tatsächlich wurde er – wie sein Biograf Jütte schreibt – der „Modearzt der Hautevolee": Zu seinen Patienten gehörten neben Franzosen auch Amerikaner, Italiener und Deutsche, die das Pariser Bohème-Leben angelockt hatte – darunter der Schriftsteller Sue und der bereits erwähnte Geiger Paganini. Im Schnitt behandelte Hahnemann fünfzehn Patienten am Tag. Wer nicht bettlägerig war, musste erscheinen. Auch für die zehn Prozent seiner Patienten, die dem Hochadel angehörten, machte er keine Ausnahme. Ein jeder hatte in einem der zahlreichen Salons des Hauses zu warten, bis er an der Reihe war. Darüber hinaus behandelten die Hahnemanns – vor allem seine ebenfalls praktizierende Frau Mélanie – auch noch täglich zehn bis zwanzig mittellose Kranke.

Als Hahnemann am 2. Juli 1843 in Paris starb, endete damit eine kurze, aber intensive Phase seines Lebens. Denn dort war er ein angesehener Mitbürger geworden.

Seine Lehre verbreitete sich auch nach seinem Tod zügig weiter – vor allem in Europa, Nordamerika und Indien. Gleichzeitig klaffte die Schere zwischen Homöopathie und Schulmedizin immer weiter auseinander – besonders nachdem die Medizin in der zweiten Hälfte des 19. Jahrhunderts begann, sich als Naturwissenschaft zu verstehen.

„Wer heilt, hat recht!“ Dieser für den Patienten ausschlaggebende Grundsatz galt schon zu Hahnemanns Zeiten in der medizinischen Fachwelt nicht uneingeschränkt. Die von Anfang an heftige Kritik an Hahnemann und der Homöopathie ist nur bedingt mit den unterschiedlichen Methoden und Anschauungen zu erklären. Zum Teil war die Feindseligkeit, die er erntete, auch seiner Streitlust geschuldet. Ein Zug, der sein Schaffen von Anfang an begleitete. Der angehende Heilkundler, der schon während seines Studiums häufig aneckte, wusste ständig alles besser und hielt mit seiner Meinung nicht hinter dem Berg. 1792 wagte er es in aller Öffentlichkeit, die Hofärzte des österreichischen Kaisers zu kritisieren: Sie hätten Leopold II. – der mit 44 Jahren starb – mehr oder weniger zu Tode kuriert.

Außerdem war Hahnemann ein außerordentlicher Pedant. Schon als er das 1. Prinzip seiner Homöopathie im Jahre 1796 publizierte, dachte er an künftige Schüler und ermahnte sie sogleich: „Macht‘s nach, aber macht‘s genau nach.“ Bescheidenheit war nicht seine Sache, weshalb er die gesamte medizinische Welt in zwei Lager teilte: Seiner richtigen „Homöopathie“ (griech.: homöo = ähnlich, gleichartig) stellte er die falsche „Allopathie“ (griech.: allo = fremd, gegensätzlich) gegenüber. Darunter fasste er alle anderen medizinischen Praktiken, die im Wesentlichen Krankheiten mit entgegengesetzt wirkenden Mitteln und Methoden behandeln. Und diese Allopathie behandelt im Gegensatz zu seiner Homöopathie nur die Erscheinungsformen der Krankheiten, nicht aber ihre Ursachen. Hahnemann gegen den Rest der Medizin!

Was in der Theorie unzusammenhängend scheint, wird jedoch im Alltag zunehmend häufiger praktiziert. Immer mehr niedergelassene Allgemeinmediziner absolvieren eine Zusatzausbildung in Homöopathie. Weil die Patienten Wert darauf legen. Und gibt die Schulmedizin – weniger dem „Homöopathen“, aber dem „Mediziner“ Hahnemann – nicht irgendwie recht, wenn sie sich zunächst in der Psychosomatik, dann auch in anderen Teildisziplinen dem Zusammenhang widmet zwischen Psyche und Immunsystem (PNI), den Einsatzmöglichkeiten der Alternativmedizin (Komplementärmedizin) oder der kulturspezifischen Ausprägung von Krankheiten (Ethnomedizin)?

Allmählich erkennt auch die Schulmedizin, dass sie nicht auf dem Stand der Naturwissenschaften des 19. Jahrhunderts stehen bleiben kann. Denn hier leisten wir uns einen primitiven Materialismus – und leiden darunter.

Längst gilt: Jeder Mensch ist durch seine Gene – und vermutlich auch durch seine Psyche – ein einmaliges Individuum. So hat er oder sie einen individuellen Stoffwechsel. Selbst aus dem Urin lässt sich ein einmaliges Stoffwechselprofil gewinnen. Was bei dem einen Patienten heilend wirkt, kann die Gesundheit des anderen schädigen. Notwendig wären individuelle Therapien und Medikamente.

Bahnt sich eine Versöhnung an?

Nein, denn die Homöopathen machen es den Schulmedizinern auch nicht gerade leicht. Der deutsch-englische Komplementärmediziner Edzard Ernst untersucht seit gut zwei Jahrzehnten Alternativmethoden, besonders die Homöopathie. Sein Resümee: „Über viele Jahre habe ich gedacht, die Homöopathen seien einfach ein bisschen überenthusiastisch, ein bisschen verblendet und realitätsfremd. Aber inzwischen bin ich sicher, dass viele lügen wie gedruckt.“

Fallen Vergleichsstudien positiv aus, werden sie zitiert, fallen sie negativ aus, wird ihre Methode kritisiert. Oder die Kritik wird einfach unter den Tisch gekehrt. Genauso die Heilerfolge: Einzelne Erfolge werden immer wieder angeführt, über ihre Misserfolge hingegen reden die Homöopathen lieber nicht.

Solch ein ambivalentes Vorgehen kann aber auch nicht im Sinne Hahnemanns sein. Denn der schrieb, als hätte er die nun gut 200 Jahre andauernde Debatte um seine „Heilkunst“ vorausgesehen: „Das ist das Gesetz, dass Ähnliches Ähnliches heile. Widerlegen Sie diese Wahrheit, wenn Sie können, indem Sie eine noch wirksamere, sicherere und verträglichere Methode als meine präsentieren; widerlegen Sie sie nicht durch Worte, von denen schon zu viele gesprochen sind ...“ Auf unsere heutigen Verhältnisse übertragen, meinte Hahnemann damit: besser machen – nicht schönreden!

Dies gilt für beide Seiten: Es reicht nicht, dass die Schulmediziner eine kurze Zusatzausbildung in Alternativmedizin absolvieren. Eine wirklich individuelle Behandlungspraxis – wie sie sich immer mehr Patienten wünschen – lässt sich mit dem Durchschleusen von Patientenströmen jedoch schlecht vereinbaren.

Solange die Schulmedizin ihre Defizite nicht eingesteht und ganzheitlichen Alternativen einen angemessenen Platz einräumt, und solange die Homöopathen ihre Lehre zu einem Allheilmittel hochstilisieren und sich mit klinischen Kontrollstudien schwertun, solange wird Hahnemann nicht wirklich gewürdigt. Von den einen verdammt, von den anderen überhöht und in den Himmel der Heilkunst erhoben. Hahnemanns Vermächtnis ernst nehmen und weiterentwickeln, den Bedürfnissen und Erkenntnissen der Zeit anpassen, lautet das Gebot der Stunde.

Verkannt und vergessen: Die Frauenrechtlerin und 1848er-Revolutionärin Mathilde Franziska Anneke

(1817–1884)

Während der pfälzisch-badischen Revolution 1848/49. Als Mathilde Franziska Anneke unter den mehr schlecht als recht bewaffneten, aber um so entschlosseneren Freischärlern auftaucht, ist der Unmut über „den Weiberrock" zunächst groß. Später dann wird sie jedoch in den Erinnerungen festhalten: „So mißtrauisch ich hier auch begrüßt worden war, so treuherzig aber und mit festem Händedruck entließen mich die gestrengen Männer, als sie hörten, daß ich mit ihnen in den Kampf ziehen wollte."

Zu den Waffen greifen darf sie zwar nicht – das geziemt sich für eine Dame nun doch nicht, außerdem wartet zu Hause ihr „kleines Fritzchen" auf sie –, aber sie übernimmt Aufgaben in dem Aufständler-Heer, die durchaus Mut erfordern und ein Risiko bergen. So nimmt sie etwa an gefährlichen Erkundungsritten teil und leitet Befehle ihres Mannes Fritz Anneke, der zum Befehlshaber der Artillerie ernannt worden ist, an die einzelnen Geschützstellungen weiter.

Als die Niederlage offensichtlich wird, stellt sie sich entschlossen Deserteuren in den Weg: Einmal jagt sie mit ihrem Fritz einem fliehenden Offizier nach, ein anderes Mal antwortet sie keck einem Offizier, der unter dem Vorwand seinen Posten verlässt, sie schützend begleiten zu müssen [sie] „bedürfe des Schutzes von Feigen nicht, und ob er nicht Wichtigeres zu leisten habe ..."

Aktive Freischärlerin – das war nur eine ihrer Rollen, die sie im Laufe ihres abenteuerlichen Lebens einnehmen sollte. Warum nur ist die deutsch-amerikanische Freiheitskämpferin, Frauenrechtlerin, Journalistin und Schriftstellerin, Schulgründerin und Erzieherin hierzulande immer noch so gut wie unbekannt?

Gut, ihr Porträt immerhin kennt, wer vor der Euroeinführung schon einmal eine 240-Pfennig-Briefmarke auf ein Päckchen geklebt hat. Denn eine Sondermarke der Deutschen Bundespost aus dem Jahr 1988 zeigt das Porträt der Dreiundzwanzigjährigen – man fühlt sich an Annette von Droste-Hülshoff erinnert. Die beiden kannten sich sogar, hegten aber wenig Sympathie füreinander.

Das liebliche Porträt indessen gibt die prominenten Eigenschaften der Anneke überhaupt nicht wieder.

Diese zierliche Frau war eine harte Kämpferin, eine Revolutionärin gleich in mehrfachem Sinne! Darüber hinaus war sie auch eine Überlebenskämpferin: Fast ihr ganzes Leben lang hat sie sich und ihre zahlreichen Kinder von den Einnahmen ihrer Aufklärungsarbeit zu ernähren geschafft. Weder ihr Aussehen noch ihre Herkunft deuteten auf die Entwicklung, auf die Dynamik hin, die dieses Leben durchlaufen sollte.

Wenn es stimmt, dass eine glückliche Kindheit und eine vertrauensvolle Umgebung das beste Startkapital für ein erfolgreiches Leben darstellen, dann hatte Mathilde Franziska, genannt „Tilla“, Glück: Sie wurde am 3. April 1817 auf dem westfälischen Gut Ober-Leveringhausen nahe Haßlinghausen (heute Sprockhövel, Westfalen) als die älteste Tochter des Rentmeisters (Finanzbeamten) und Gutsbesitzers Karl Giesler und dessen Ehefrau Elisabeth geboren. Da der Vater evangelisch und zeitweise Kirchenältester der lutherischen Kirchengemeinde war, wurde Mathilde Franziska zwar evangelisch getauft, doch den stärkeren Einfluss sollte die katholische Mutter ausüben, die das Mädchen nach der Elementarschule gemeinsam mit einem Privatlehrer unterrichtete.

Auch nach dem Umzug nach Blankenstein an der Ruhr erlebte Tilla eine unbeschwerte Kindheit, nicht zuletzt deshalb, weil sie einiges durfte, das anderen Mädchen ihrer Zeit verwehrt blieb: Sie konnte auf ihrem eigenen Pferd reiten wie ein Junge, Zeitung lesen, und auf ihrem Lehrplan standen Geschichte und Geografie. Dabei ließ ihr Hauslehrer Heinrich

Mayer, Teilnehmer des Hambacher Festes im Mai 1832, auch kritische Fragen zu, bis er wegen seiner freiheitlichen Gesinnung vom Vater entlassen wurde.

So wuchs Mathilde nach den Urteilen von Zeitgenossen nicht nur zu einer gebildeten, sondern auch zu einer hübschen Frau heran, die mit ihrer Größe von 1,80 m eine imposante Erscheinung gewesen sein muss.

Doch ihre Lebensbahn wendete sich dramatisch, als Mathilde Franziska gerade einmal siebzehn Jahre alt war.

Karl Giesler verspekulierte sich arg, als er einen Großteil seines Vermögens in Aktien eines Eisenbahn-Projektes steckte. Das Projekt scheiterte, als die Regierung den Einsatz von Dampfmaschinen verbot, wie sie in England genutzt wurden, und auch der Versuch, die Strecke mit Pferden zu betreiben, schlug fehl. Das Geld war weg und die Familie verschuldet. Man musste nach Hattingen ziehen und dort in weitaus bescheideneren Verhältnissen leben.

Doch keine zwei Jahre später nahte die Rettung in Gestalt des Mülheimer Alfred Philipp Ferdinand von Tabouillot. Mathilde Franziska hatte den zehn Jahre älteren Adeligen, der trotz seines Vermögens ganz unstandesgemäß den Beruf eines Weinhändlers ausübte, kennen und lieben gelernt. Entgegen vieler Darstellungen war es keine reine Vernunftehe! Auch Mathilde Franziskas Familie begrüßte diese Beziehung und später den Heiratsantrag – zumal die Familie von Tabouillot die Schulden der Eltern übernahm.

Sehr bald musste Mathilde Franziska jedoch erkennen, dass ihr Mann nicht nur aus beruflichen Gründen viel mit Alkohol umging. Er war ein Trinker, der seine Sucht gut vor der Öffentlichkeit verheimlichen konnte, genauso wie seine Neigung zu Gewaltausbrüchen, mit denen er die Familie unter Druck setzte. Nur wenige Wochen nachdem die gemeinsame Tochter Fanny (Johanna) am 27. November 1837 geboren worden war, verließ Mathilde Franziska mit ihrem Kind den Gatten und suchte Schutz bei den Eltern.

Zwar sah das Bürgerliche Gesetzbuch seit 1794 die Möglichkeit einer Ehescheidung vor. Allerdings wurde davon selten Gebrauch gemacht. Mathilde Franziska war jedoch eine der wenigen Frauen, die tatsächlich diesen Schritt wagten. Doch was sie dann erlebte war eine juristische Achterbahnfahrt:

Das Kreisgericht Duisburg wies ihre Klage ab und forderte sie auf, zu ihrem Mann zurückzukehren. Sie klagte dennoch weiter – nun vor dem Oberlandesgericht in Hamm –, das sie jedoch ebenfalls aufforderte, sich vor einem Urteilsspruch nicht „wider den Willen des anderen eigenmächtig abzusondern". Die Richter akzeptierten allerdings ihre Begründung und willigten in die Scheidung ein, sprachen jedoch beiden Parteien gleichermaßen die Schuld zu. Immerhin durfte Mathilde Franziska wieder ihren Geburtsnamen führen und erhielt das alleinige Sorgerecht für ihre Tochter. Doch da sie nur ein bescheidenes Erziehungsgeld zugesprochen bekam, klagte sie auch noch vor dem „Geheimen Obertribunal in Berlin". Dort wurde ihr 1841 gänzlich unerwartet die alleinige Schuld am Scheitern der Ehe zugesprochen.

Trotz dieser schlechten Erfahrung mit der preußischen Rechtsprechung sollte die Revolutionärin in ihr noch nicht sofort erwachen. Zunächst einmal wandte sie sich der Religion zu.

Als geschiedene Frau und alleinerziehende Mutter von der guten Gesellschaft gebrandmarkt – Mathilde Franziska war 1839 nach Münster gezogen –, versuchte sie ihren Lebensunterhalt mit Schreiben zu bestreiten: Sie schrieb Artikel und Gedichte für lokale Zeitungen und gab zwei „Gebetbücher für die christlich-katholische Frauenwelt" heraus, für ihre Jahrbücher konnte sie bekannte Literaten und Dichter gewinnen – etwa Ferdinand Freiligrath und Annette von Droste-Hülshoff.

Allerdings wurde sie von der „guten Gesellschaft" gemieden – allen voran von der besagten von Droste-Hülshoff, die schrieb: „... die Tabouillot würde mich ganz aussaugen an Beutel, Geist und Körper. Sie ist nämlich blutarm und muß sich und ihr Kind allein mit Schriftstellerei ernähren, kann nichts anderes, hat keine Kenntnisse zum Unterricht ... und kein Geschick zu arbeiten."

Was genau sie schließlich in die Politik trieb, ist nicht mehr zu ermitteln: ob es ihre ärmlichen Lebensumstände waren, die schlechte Erfahrung mit dem preußischen Rechtswesen, die gesellschaftliche Ächtung oder die kritischen Unterrichtsstunden bei ihrem Hauslehrer Mayer, vielleicht gab auch all das zusammen den Ausschlag – jedenfalls entwickelte sich Mathilde Franziska in recht kurzer Zeit von einer katholischen

Bürgerstochter zu einer radikalen Freidenkerin. Symbolisch überschrieb sie die erste Seite eines ihrer Gebetsbücher: „Von den Göttern, die der Mensch in seiner Not erschuf."

Doch Betroffenheit allein reicht nicht aus, um die Verhältnisse in Frage zu stellen und gegen sie anzugehen, der Mensch braucht Vorbilder und Mitstreiter.

Vom Debattierclub auf die Barrikaden

In Münster hatte sich in dieser Zeit der liberale Debattierclub „Demokratischer Verein" gebildet, in dem sich vor allem Referendare des Oberlandesgerichts und ehemalige Offiziere versammelten. Hier traf Mathilde auf freiheitlich denkende Menschen, darunter auch auf den jungen Artillerie-Leutnant a. D. Fritz Anneke, in den sie sich verliebte. Dieser war offiziell unehrenhaft aus der Armee entlassen worden, weil er sich einem Duell verweigert hatte, aber der eigentliche Grund war wohl eher seine liberale Aufklärungsarbeit unter den Soldaten.

In dieser Zeit schrieb Mathilde Artikel für angesehene Publikationen, etwa die *Kölnische Zeitung* oder die *Augsburger Allgemeine Zeitung* – und das zu brisanten Themen wie Zwangsehen oder die Ausbeutung von Arbeiterinnen und Dienstmädchen. In einer kämpferischen Frau aus Berlin fand sie alsbald ein Vorbild für ihr weiteres Handeln. Die Rede ist von Louise Aston. Die hatte ihren Kampf gegen die Männerherrschaft in der Broschüre „Meine Emanzipation: Verweisung und Rechtfertigung" geschildert, die nur im Ausland erscheinen konnte. Eigentlich eine geborene „Hoche", war die Pfarrerstochter im Alter von siebzehn Jahren zu einer Konvenienzehe mit dem vierzigjährigen englischen Unternehmer Samuel Aston gezwungen worden. Sie gebar drei Töchter, führte jedoch gleichzeitig ein extravagantes Leben und trennte sich 1844 endgültig von ihrem Mann. Berühmt-berüchtigt war sie durch ihre freizügige Gedichtsammlung „Wilde Rosen", noch mehr jedoch für das Tragen von Männerkleidung sowie ihr öffentliches Bekenntnis gegen die Religion und für freie Liebe. Prompt wurde sie von anonymer Seite denunziert, sie plane ein „Komplott gegen den Staat, den König und die Religion", was dem preußischen Staat gelegen kam. Aston, die beim Verhör laut Protokoll zugab, sie glaube nicht an Gott und rauche Zigarren, wurde aus Berlin verbannt. Ein Vermittlungsgespräch mit dem Innenminister persönlich beendete sie mit dem Ausspruch: „Seine Exzellenz, wenn sich erst der preußische Staat vor einer Frau fürchtet, dann ist es weit genug mit ihm gekommen." Das Gespräch scheiterte. Auch aus Leipzig, Breslau und Hamburg wurde Aston vertrieben und gezwungen, im Exil in Brüssel zu leben.

Mit all diesen Vorgängen rechnete Mathilde 1847 in ihrer Kampfschrift „Das Weib in Conflict mit den socialen Verhältnissen" ab. Hier brach sie auch endgültig mit der christlichen Religion, denn sie erkannte, dass gerade die Kirche mit ihren dogmatischen Regeln die Machtstellung der Männer gegen die Frauen zementiere. Und sie rief alle Frauen auf, für ihre Rechte zu kämpfen: „Es gilt, die äußeren Rechte des Weibes gegen die Gewalten dieser Erde offen zu verteidigen!"

Der Kampf gegen die Männerherrschaft hinderte sie aber nicht daran, im gleichen Jahr ihren geliebten Fritz Anneke heiraten zu wollen. Natürlich ging auch das nicht ohne Kampf, denn Fritz war katholisch, sie hingegen evangelisch und zudem geschieden. Außerdem stand es für beide überhaupt nicht zur Diskussion, dass einer von ihnen die Konfession wechselte, nur um der Obrigkeit entgegenzukommen.

Kein Pfarrer wollte diese „Mischehe" daher trauen – erst eine Erlaubnis des Oberpräsidenten der Rheinprovinz ebnete den Weg zur Hochzeit, die am 3. Juni 1847 in der evangelischen Kirche in Neuwied stattfand.

Neuwied bei Köln, eines der Zentren der revolutionär Gesinnten, wurde nun das neue Zuhause des Paares. Hier lernten sie Karl Marx und Friedrich Engels kennen, Georg Herwegh oder Ferdinand Lassalle. Mathilde und Fritz wurden Mitbegründer des kommunistisch-ästhetischen Klubs, aus dem später der „Kölner Arbeiterverein" hervorgehen sollte.

Als im Frühjahr 1848 in Frankreich die sogenannte „Februarrevolution" gegen die Bourbonenherrschaft ausbrach, schwappte der Aufruhr auch auf deutschen Boden über. In Berlin kam es zu heftigen Barrikadenkämpfen, die der Preußenkönig Wilhelm IV. von seinen Soldaten niederschlagen ließ. Unter den vielen Opfern befand sich auch Mathildes ehemaliger Hauslehrer Heinrich Mayer.

Auch im Rheinland gärte es: Am 3. März zog eine große Volksmenge unter Führung von Andreas Gottschalk, August von Willich und Fritz

Anneke zum Kölner Rathaus, wo sie eine Liste mit Forderungen zur Meinungsfreiheit, Volksbewaffnung, freien Wahlen, Schutz der Arbeit und kostenlosen Schulen übergaben. Der Ratsvorsitzende spielte auf Zeit, kurz darauf räumten Soldaten den Rathausplatz und nahmen die Rädelsführer fest.

Mathilde, die im sechsten Monat schwanger war, verfolgte die Ereignisse zunächst nur als Zuschauerin und in Diskussionen, doch als ihr Mann mehrere Tage in Haft blieb, zog es sie auf die Straße, zu den zahlreichen Demonstranten. Friedrich Engels kritisierte das Vorgehen der Aufständischen in einem Brief an den im Exil verweilenden Karl Marx: Es sei naiv gewesen, unbewaffnet loszumarschieren, wo doch viele Soldaten bereit wären, die Seite zu wechseln.

Trotzdem wollten die drei Kölner Rädelsführer, die am 21. März wieder freigelassen wurden, keine Gewalt: Gottschalk prinzipiell nicht, für Willich und Anneke war die Situation noch nicht reif genug. Während sich im Mai in der Frankfurter Paulskirche Deutschlands Liberale ein Stelldichein gaben – „Warum eigentlich nur Männer?“, fragte Mathilde ihre Freundinnen –, befehligten die Machthaber Preußens und Österreichs ihre Militärs, Recht und Ordnung wiederherzustellen.

Im Sommer bereiteten Mathilde und Fritz die Herausgabe einer eigenen Zeitung vor. In Abgrenzung von der *Kölnischen Zeitung* sollte sie *Neue Kölnische Zeitung* heißen.

Doch noch vor dem Erscheinen der ersten Ausgabe wurde Fritz am 3. Juli erneut von den preußischen Behörden wegen seiner aufrührerischen Tätigkeit verhaftet. In den frühen Morgenstunden waren Soldaten mit Gewalt in die Wohnung der Annekes eingedrungen und hatten das Paar in seinem Schlafzimmer gestellt.

Hochschwanger, der Mann im Gefängnis, kein Geld im Haus und von der Polizei bespitzelt: Trotzdem oder gerade deshalb übernahm Mathilde die redaktionelle Leitung der *Neuen Kölnischen Zeitung* allein, brachte nebenbei am 21. Juli 1848 ihren Sohn Fritz zur Welt und ließ Anfang September die Erstausgabe der Zeitung erscheinen. An 17 Tagen erschienen fast ebenso viele Ausgaben (nur sonntags nicht). Deren Kommentare wurden von Ausgabe zu Ausgabe radikaler, die Artikel widmeten sich zunehmend den Angelegenheiten der Arbeiterklasse. Dann verbot die preußische Zensur kurzerhand Mathildes Zeitung. Woraufhin sie einfach den Namen änderte – in: *Frauen-Zeitung*.

Doch statt mit Haushaltslehre und Modetipps erschien die erste Ausgabe mit der Forderung nach der Trennung von Schule und Kirche: „Wer nicht schon früh an ordentliches Nachdenken gewöhnt ist, der lernt's später sehr schwer. Was die Kinder nicht verstehen können und bloß so nachplappern müssen, das macht ihnen auch keine Freud ... Darum wollen die Geistlichen die Aufsicht behalten, daß sie die Menschen dumm halten können – und die große Macht, die sie haben, nicht verlieren." Auch die Inhalte der *Frauen-Zeitung* waren der preußischen Obrigkeit nicht angenehm, so dass bereits die dritte Nummer beschlagnahmt wurde.

Als im Dezember das Verfahren gegen Anneke und Gottschalk stattfand, fühlte sich Mathilde nicht stark genug, um dem Prozess beizuwohnen. Doch entgegen aller Erwartungen sprachen die Geschworenen die Angeklagten frei.

Daraufhin widmeten sich beide Annekes wieder ihrem Zeitungsprojekt, doch nur für kurze Zeit. Denn als im Frühjahr 1849 König Wilhelm IV. sämtliche Verhandlungsergebnisse der Nationalversammlung für null und nichtig erklärte und mit seinen Soldaten drohte, war im ganzen Land eine revolutionäre Stimmung zu verspüren. Vor allem in Baden und in der Pfalz sollte es nun richtig zur Sache gehen!

Im Grenzgebiet zu Frankreich hatten die Pfälzer mehr Rechte als anderswo in deutschen Landen. Hier wurde deshalb ein gewisses antipreußisches Selbstbewusstsein noch durch die schwere Wirtschaftskrise verstärkt. Zehntausende zogen durch die Straßen Kaiserslauterns und setzten einen Landesverteidigungsausschuss ein.

Während preußische Armeecorps an der Grenze der Pfalz Stellung bezogen, strömten Freischärler aus den Nachbarregionen ins Land, um die „Freiheit" zu verteidigen – darunter auch Fritz Anneke, der das Kommando über die Artillerie bekam.

Mathilde sollte sich um das „kleine Fritzchen" kümmern – doch zuschauen, wie andere Revolution machen? Das war nicht Mathildes Sache, und so eilte sie ihrem Mann nach – in Zeiten des Aufruhrs keine ungefährliche Angelegenheit. Während ihr früheres Vorbild Louise Aston „nur" als Pflegerin eines Freicorps beim Schleswig-Holstein-Feldzug teilnahm, reiste Mathilde Richtung Kaiserslautern, um sich stärker zu engagieren. Sie sei der Ordonnanzoffizier und berittene Kurier ihres Mannes gewesen, wird gern geschrieben, auch wenn diese Bezeichnung bei einer so wenig organisierten Truppe etwas übertrieben erscheint. Vielleicht hatte Fritz Anneke sie dazu ernannt, denn er beschwerte sich ständig über fehlende Hierarchie, die schlechte Organisation und mangelnde Disziplin der Volkswehr und macht sich damit zunehmend unbeliebt.

Auf jeden Fall ließ Mathilde es sich nicht nehmen, selbst während der Schlachten bei den Geschützstellungen ihres Mannes zu bleiben und einige seiner Befehle weiterzugeben. Deshalb wurde sie – halb ehrfürchtig, halb spöttisch – in zeitgenössischen Illustrationen als Mannweib hoch zu Ross inmitten der Freiheitskämpfer dargestellt.

Aber so tapfer die Volkswehr auch war – nach anfänglichen euphorischen Erfolgen hatte sie langfristig gegen die preußische, gut bewaffnete Übermacht keine Chancen. Im Zuge der Truppenbewegungen zogen sich die Annekes Richtung Rhein zurück und fanden eine letzte Zuflucht in Rastatt. Als die preußischen Truppen am 23. Juli die dortige Festung einnahmen, flohen Mathilde und Fritz regelrecht in letzter Minute durch einen von den Feinden unbewachten Abwasserkanal und setzten bei Nacht mit einem Fischerboot über den Rhein. Über Straßburg, wo sie bei ihrem alten Kölner Freund Moses Hess Unterschlupf fanden, gingen sie in die Schweiz und weiter nach Frankreich. Zusammen mit vielen anderen geflohenen Achtundvierzigern und ihrem Fritzchen, der von Freunden nach Frankreich geschmuggelt wurde, schifften sie sich in Le Havre Richtung Amerika ein.

Neustart in Amerika

Gerade einmal 32 Jahre war Mathilde Franziska Anneke alt, als sie mit ihrem Mann im November 1849 in New York eintraf. Nach anfänglichem Zögern ließen sie sich in Milwaukee nieder, einem der Sammelbecken der eingewanderten Achtundvierziger. Mathilde nahm sich vor, nur „kleine Brötchen zu backen ...“: Mit Vorträgen über die deutsche Politik und deutsche Literatur verdienten sie sich ihren Lebensunterhalt. (Zur gleichen

Zeit versuchte sich ihr Mann in verschiedenen Berufen, als Eisenbahnzeichner oder Bibliotheksangestellter. Doch seine „preußische Art" machte es ihm in Amerika nicht leicht.) Zudem wurde Mathilde Korrespondentin für deutsche Zeitungen in den USA und Deutschland, unter anderem schrieb sie wieder für die *Augsburger Allgemeine Zeitung*.

Schreiben indessen musste sich für sie in der Praxis bewähren; Literatur sei nur von Bedeutung, wenn sie die Konflikte und Werte ihrer Zeit aufnehme und einen Weg in die Zukunft zeichne, wie es bei Heinrich Heine oder Ferdinand Freiligrath der Fall war.

Mathilde, die inzwischen ihre Mutter und ihre beiden Schwestern Johanna und Maria nach Milwaukee geholt hatte, gab im April 1852 die erste Ausgabe ihrer deutschsprachigen *Frauen-Zeitung* heraus. Bemerkenswert in diesem Zusammenhang: Gerade deutsche Männer aus der 48er-Revolution waren es, die ihr Ansinnen schroff zurückwiesen. So klagte Mathilde: „Wo ich auch anfrage, überall gibt man mir zur Antwort: ‚Meine Frau ist aufgeklärt genug, es ist nicht nötig, dass sie noch mehr aufgeklärt werde.'"

Während Mathilde in der deutschsprachigen Öffentlichkeit viel Häme für ihre radikalen Forderungen nach Gleichberechtigung erntete, wurden die beiden führenden Frauenrechtlerinnen der USA Susan B. Anthony und Elizabeth Candy Stanton auf sie aufmerksam, schon bald setzte ein reger Austausch zwischen Anneke und dem englischsprachigen „American Woman's Rights Movement" ein.

So konnte Mathilde als einzige deutsche Teilnehmerin im Frühjahr 1853 auf deren Kongress in New York eine feurige Rede halten, in der sie sich nicht nur gegen die Unterdrückung der Frauen, sondern auch gegen fanatischen Nationalismus und die Herrschaft des Klerus aussprach, aber auch gegen die Prohibition, die von einigen Frauengruppen angestrebt wurde: „Als ich hierher kam, erwartete ich, jene Freiheit zu finden, die uns zu Hause versagt ist ... Denn wenn nicht hier, wo sonst?"

Ihre Art kam gut an, so dass sie in den folgenden Jahren Mitarbeiterin von Anthony und Stanton wurde. Im Frühjahr 1858 brachte Mathilde Franziska eine Tochter zur Welt, die jedoch bald an Pocken erkrankte und starb.

Weil der Vater Fritz sich im Vorfeld geweigert hatte, die Familienmitglieder an der nicht ungefährlichen Impfung teilnehmen zu lassen, steckten sich auch das „kleine Fritzchen“ und seine Schwester Irla an und starben. Ein schlimmer Verlust: Nun hatte die Familie den Tod dreier Kinder zu verschmerzen.

Kein Jahr später reiste Fritz Anneke nach Europa, weil er sich dort eine bessere berufliche Perspektive erhoffte oder einfach auch Abstand brauchte. Im Laufe der Jahre hatte sich das Paar auseinandergelebt. Im Sommer 1860 folgte Mathilde ihm einzig und allein aus dem Grund, dass sie inzwischen schwer leberkrank war und sich in der Schweiz behandeln lassen wollte.

Nicht nur in persönlichen, auch in politischen Fragen gingen die Vorstellungen von Mathilde und Fritz immer weiter auseinander – auch über die Vorgänge in ihrer alten Heimat. Unter Otto von Bismarck entwickelte sich Preußen zu einer autoritären, aber auch industriellen und militärischen Großmacht. Fritz begrüßte das, ebenso wie den eskalierenden Konflikt mit dem „Erbfeind Frankreich“; Mathilde hielt dagegen an ihrem Traum von der Republik fest, allerdings bewahrte sie einen realistischen Blick auf die Dinge. Als sie im Herbst 1863 noch einmal ihre Heimat besuchte, war sie erfreut über den raschen Aufstieg des Ruhrgebietes als Industriestandort, der Wohlstand in die Region brachte. Während ihre alten Kampfgefährten das schnelle Wachsen der Arbeiterschaft mit der Hoffnung auf eine Revolution verknüpften, kam Anneke zu einem ganz anderen Urteil über die Menschen ihrer Heimat: „Der Michel kann zu viele Fußtritte vertragen und fürchtet sich zu sehr vor den Gendarmen. Und wenn er sich auch gerade nicht davor fürchtet, so flößt doch der ‚Gendarm in der eigenen Brust‘ ihm einen zu heiligen Respekt ein. Was lässt sich das Volk, was lassen sich die ‚Spitzen der Intelligenz und des Liberalismus‘, was lassen sich die Vertreter des Volkes für Fußtritte gefallen, ohne auch nur mal energisch das Maul aufzumachen …“

Während ihres Europaaufenthalts war in Nordamerika der Bürgerkrieg ausgebrochen. Mathilde und Fritz, die sich stets in Artikeln und Reden scharf gegen die Sklaverei ausgesprochen hatten, waren sich in dieser Frage einig: Fritz kehrte in die USA zurück und kämpfte in den Reihen der Nordstaatler. Mathilde blieb ihrem Mann gegenüber zunächst noch loyal, auch die Kritik an seiner Person richtete sie nie direkt an ihn. Doch in ihrem Tagebuch sah sie ganz klar: „Es ist erbärmlich, so ein armseliges

Instrument zu spielen, auf dem eine Saite immer nur einen Ton gibt. Das ist nicht zum Aushalten. Du bist ein toter Heiliger – eine Reliquie. Es ist empörend, sittsam dreißig Jahre lang mit der nämlichen Moral-Physiognomie zwischen Himmel und Erde herumzulaufen, bloß um des elenden Vergnügens willen, andere schlechter zu finden als sich."

Nur ein einziges Mal ließ sie in einem Brief ihrem Herzen freien Lauf: „Wir hätten uns nicht vermählen, wir hätten Freunde bleiben sollen, lieber Fritz. Wir wären beide vielleicht glücklicher geworden."

Während eines Kuraufenthalts in der Schweiz sollte Mathilde die Ehekrise überwinden: „Dies Herz hat nach langer Probezeit endlich seine Unabhängigkeit wieder erlangt".

Was hier nur angedeutet ist, steht in Wirklichkeit für eine neue Liebe – zu der amerikanischen Schriftstellerin Mary Booth. In den Anneke-Biografien herrscht darüber nur beredetes Schweigen, aber offensichtlich bekam Mathildes Emanzipationsstreben in späten Jahren auch eine geschlechtliche Komponente. Wie weit diese lesbische Liebe ging, ist nicht bekannt. Aber immerhin waren beide Frauen in reifem Alter, wussten, was sie wollten, auch wenn es um ihre Gesundheit nicht zum Besten stand. Sie führten, wie es in dieser Zeit so schön hieß, eine „Boston Marriage": Fünf Jahre lebten sie mit ihren Kindern in Zürich zusammen.

Und wie schon zuvor versuchte Mathilde als Schriftstellerin und Journalistin die ganze Patchwork-Familie durchzubringen. Doch die Prüfungen blieben nicht aus: Marys Zustand verschlechterte sich mit der Zeit so stark, dass sie 1864 todkrank nach Milwaukee zurückkehrte, wo sie im Frühjahr 1865 starb.

Als Mathilde im Sommer des gleichen Jahres ebenfalls wieder in Milwaukee landete, gründete sie gemeinsam mit einer anderen Freundin, Cecilia Kapp, das in deutscher Sprache geführte „Milwaukee-Töchter-Institut". Hier versuchten Mathilde und Cecilia, den jungen Mädchen alles beizubringen, was für ein emanzipiertes Leben notwendig war: Neben praktischer Haushaltslehre vor allem Bildung: Mathematik und Naturwissenschaften standen genauso auf dem Lehrplan wie Kunst und Musik sowie ein zwar höflicher, aber selbstbestimmter Umgang mit anderen.

Das Institut wurde als „freisinnig" und „fortschrittlich" landesweit bekannt, erreichte aber bald mit 50 Mädchen die Grenze seiner Aufnahmekapazität. Hinzu kam noch, dass die finanzielle Grundlage nicht gesichert war; so wurde selbst die Anschaffung eines Klaviers zu einem Balanceakt.

Eine Emanzipation, die auf Weltoffenheit und Bildung basierte, wollte Mathilde auch in die Frauenbewegung als Ganze hineintragen: „Die Vernunft befiehlt uns, frei zu sein. Was in der Frau nicht länger unterdrückt werden kann, was frei sein will unter allen Umständen, ist der natürliche Durst nach wissenschaftlicher Erkenntnis ... Wissen um Ideen, Folgerungen und alle höheren Dinge ...", verkündete sie in New York, wo sie als Vertreterin der „Wisconsin Women Suffrage Association" zur Vizepräsidentin der „National Women Suffrage Association" gewählt wurde. Obwohl es mit ihrer Gesundheit schlecht bestellt war, kämpfte Mathilde Franziska Anneke wortwörtlich bis zum Umfallen weiter – ums Überleben und für ihre Sache, für die umfassende Emanzipation –, solange bis sie im Alter von 67 Jahren in Milwaukee starb.

Auf ihrer letzten Reise begleitete sie ein langer Trauerzug zum Forest Home Cemetery, wo sie mit allen Ehren beigesetzt wurde. In den amerikanischen Zeitungen wurden zahlreiche Nachrufe veröffentlicht – in Deutschland dagegen nahm man von ihrem Tod keine Notiz. Auch in der Geschichte der amerikanischen Frauenemanzipation nimmt sie bis heute einen wichtigen Platz ein.

Ganz anders in ihrer ersten Heimat Deutschland. Hier wurde ihre Bedeutung sowohl für die 1848er-Revolution wie auch für ihre Rolle als Vorkämpferin für die deutsche Frauenbewegung weitgehend verkannt.

Erst 20 Jahre nach ihrem Tod tauchte ihr Name in ihrem Geburtsland wieder auf. Auf dem Internationalen Kongress des Frauenweltbundes 1904 in Berlin stand die vierundachtzigjährige Amerikanerin Susan B. Anthony im Mittelpunkt. Zahlreiche Rednerinnen betonten, wie wichtig ihr Vorbild für sie gewesen sei. Und deshalb waren sie verblüfft, als Anthony betonte, sie sei erst unter dem Einfluss von Mathilde Franziska Anneke zur radikalen Frauenrechtlerin geworden, der „most famous und most distinguished of the German women 48ers".

Annekes Vermächtnis wird gesichtet

Über Anthony konnte die westfälische Mitstreiterin Regina Ruben einen Kontakt zu Mathildes Tochter Hertha Anneke-Sanne herstellen, Material über die ihr bis dahin Unbekannte bekommen und so die erste Biografie veröffentlichen.

Doch die sozialdemokratische Frauenbewegung ließ Mathilde Franziska Anneke weiter „links" liegen. Denn deren Vorkämpferin Clara Zetkin kritisierte Anneke zum einen als „Amazone der Revolution" und zum anderen bemängelte sie, dass Anneke in ihren Kampf um die Gleichberechtigung der Frauen die herrschenden Eigentumsverhältnisse ausgeblendet habe. Die aber seien der wahre Grund der Unterdrückung der Frau. Tatsächlich führte die sozialdemokratische Arbeiterbewegung die Frauen erst einmal wieder an den Herd und unter die Gewalt der Männer zurück. Rund 100 Jahre später mussten sie dann mit dem Kampf um die Emanzipation von vorne beginnen.

Mathilde Franziska Anneke war eine unbequeme Zeitgenossin, weil sie die Befreiung aller Bürger von weltlicher und kirchlicher Obrigkeit forderte und zugleich die Befreiung der Frau von der Herrschaft des Mannes. Dafür war sie auch bereit zu kämpfen.

Unbequem bleibt sie auch für die Geschichte der Frauenbewegung, weil ihr Kampf dokumentiert, dass die Wurzeln der Frauenbefreiung nicht in der Arbeiter-, sondern in der bürgerlichen Emanzipationsbewegung liegen.

Obwohl sie aus einer wohlhabenden, dann jedoch verarmten Familie stammte und eine gute Ausbildung genossen hatte, was sie sicherlich von einigen Anführern deutscher Freiheits- und Sozialbewegungen unterschied, war sie eine „Betroffene" – und zwar in mehrfacher Hinsicht:

Sie erlebte die Verarmung ihrer Familie und blieb Zeit ihres Lebens arm wie eine Kirchenmaus; sie musste in ihrer ersten Ehe familiäre Gewalt erleben und setzte als eine der ersten Frauen in Preußen ihre Scheidung durch; sie sorgte zeitweise allein für ihre Familie und erlebte die damit verbundenen Diskriminierungen – gerade auch von Seiten des Bildungsbürgertums. Nicht zuletzt der Verlust ihrer Kinder: Vier von ihnen starben im Kindesalter.

Sie erlebte nicht nur, wie die 48er-Revolution scheiterte, nicht nur, dass ihr die preußische Zensur die Lebensgrundlage entzog, sie musste auch aus ihrer Heimat fliehen. Und selbst in den USA sollte sie die vollständige Gleichberechtigung der Frauen nicht mehr erleben. Aber dennoch: Anneke war sich immer im Klaren darüber, was gerecht und an der Zeit war, eingeklagt zu werden. Durch ihr Engagement hatte sie erkannt, dass eine Befreiung nicht häppchenweise kommen würde. Sie musste auf einmal kommen und alle Lebensbereiche gleichzeitig erfassen. Intellektuelle, die von der Freiheit schwärmten und nicht bereit wären, auch physisch für sie zu kämpfen, seien nicht reif für die wahre Emanzipation. Ebenso wenig Männer, die für die proletarische Befreiung kämpften und ihre Frauen unterdrückten.

Waren es solche Erkenntnisse, die sie so unbequem machten, dass ihre Geschichte in Deutschland gänzlich in Vergessenheit geriet, oder war es ihr Leben in den USA und in der Schweiz, die die „erinnernde Zuständigkeit" verschwimmen lässt? War es auch das Verblassen der Revolution von 1848 im Laufe der Zeit, zumal in Deutschland der Zweite Weltkrieg und der Holocaust das nationale Gedenken dominieren?

Erst in den späten 1970er-Jahren hefteten sich Teile der neuen Frauenbewegung an die Spuren Annekes. Mehrere Biografien wurden veröffentlicht. Sie sind heute allesamt nur noch antiquarisch erhältlich.

Was ist in der deutschen Gedächtnislandschaft sonst noch an Spuren dieser Vorkämpferin übrig geblieben? An ihren jeweiligen Wohnhäusern in Hattingen, Sprockhövel und Blankenstein wurden Gedenktafeln angebracht, ihre Kurzbiografie findet sich in vielen Lexika wieder. Außerdem gibt es in sechs deutschen Städten eine „...-Anneke-Straße": mal eine „Franziska-Anneke-Str.", mal eine „Mathilde-Anneke-Str." – wer will da so genau sein?

Als Ende der 1980er-Jahre am Kölner Rathausturm die im Zweiten Weltkrieg zerstörte Figurengalerie erneuert wurde, ehrte man nach langem Tauziehen, finanziert von der Arbeitsgemeinschaft sozialdemokratischer Frauen, auch Mathilde Franziska Anneke durch eine Skulptur, die 1995 aufgestellt wurde. Besser spät als nie. Verdient hat sie es allemal.

„Es lebe die Re...! mit allem, was sie bringt.“
Rosa Luxemburg

(1871–1919)

Frühjahr 1906. In Russland bricht die Revolution aus – ausgerechnet in diesem rückschrittlichen Agrarland. Eine aus Polen stammende, deutsche Sozialdemokratin fackelt nicht lange, sie macht sich auf in den russischen Teil Polens, denn auch dort tobt der Aufstand. Von einer getarnten Wohnung aus gibt sie mit Freunden den *Roten Banner*, Zentralorgan der verbotenen polnischen Sozialdemokraten, heraus. Die Revolution steht womöglich unmittelbar bevor, da darf man nichts mehr dem Zufall überlassen. „Jeden Tag werden 2 bis 3 Personen in der Stadt von den Soldaten erstochen ..., sonst ist es aber sehr lustig. Jetzt muss man den Druck (der Zeitung, W.K.) täglich mit Revolvern in der Hand in den bürgerlichen Druckereien erzwingen“, schreibt sie an einen Berliner Genossen.

Am 4. März jedoch findet die russische Polizei bei der Durchsuchung der Wohnung der Gräfin Walewska die deutschen Journalisten Anna Matschke und Otto Engelmann. Schnell stellt sich heraus, dass es sich bei den beiden um die bereits berüchtigte Rosa Luxemburg und ihren Lebensgefährten Leo Jogiches handelt – um illegal eingereiste Rädelsführer also. Sie werden verhaftet und in der Warschauer Festung arretiert. Dort geht es Rosa Luxemburg sehr schlecht. Trotzdem schreibt sie Trostbriefe an Freunde. Darunter findet sich auch der Schlusssatz: „Es lebe die Re...! mit allem, was sie bringt.“

Dieser Ausruf könnte das Lebensmotto der Rosa Luxemburg sein.

Vieles in ihrem Leben sollte sie ausblenden, um diesem Ziel die Treue zu halten – so auch ihre wahre Verfassung während der Haft in der Warschauer Festung. Erst Jahre später schrieb sie darüber, einmal mehr in tröstender Absicht: „Dort wird man in einem förmlichen Doppelkäfig aus Drahtgeflecht vorgeführt, d. h. ein kleiner Käfig steht frei in einem größeren, und durch das flimmernde Geflecht der beiden muss man sich unterhalten. Da es dazu just nach einem sechstägigen Hungerstreik war, war ich so schwach, dass mich der Rittmeister (unser Festungskommandant) ins Sprechzimmer fast tragen musste und ich mich im Käfig mit beiden Händen am Draht festhielt, was wohl den Eindruck eines wilden Tieres im Zoo verstärkte. Der Käfig stand in einem ziemlich dunklen Winkel des Zimmers und mein Bruder drückte sein Gesicht ziemlich dicht an den Draht. ‚Wo bist du', frug er immer wieder und wischte sich vom Zwicker die Tränen, die ihn am Sehen hinderten ..."

Doch kaum kam sie aus der Festungshaft frei, floh sie nach Finnland, von dort allerdings nicht etwa weiter nach Deutschland, sondern ins Auge des revolutionären Sturms: nach St. Petersburg. Dort traf sie Wladimir Iljitsch Uljanow wieder – besser bekannt als Lenin.

„Die Revolution mit allem, was sie bringt!" Kaum ein deutscher Linker hat so bedingungslos „Ja" zur Revolution gesagt – und einen so hohen Preis dafür gezahlt. Eine Revolutionärin und Kriegsgegnerin, die für ihre Überzeugung ins Gefängnis ging – und dann brutal ermordet wurde.

Schon das macht Rosa Luxemburg zu einer Unbequemen in einer Zeit, wo es inzwischen chic und eher karrierefördernd geworden war, links zu sein. Wo so mancher kein Problem damit hatte, sich das Linkssein (als Beamter etwa) teuer bezahlen zu lassen, Porsche zu fahren und etwas mehr Geld für die sozial Schwachen zu fordern.

Und aus Rosa Luxemburg machten diese Linken dann eine Heilige. Setzten ihr ein Denkmal, zu der die Eifrigen einmal im Jahr ziehen und singen: „... der Rosa Luxemburg reichen wir die Hand!"

Kein anderer deutscher Linker, andererseits, hat es zu diesem positiven Mythos gebracht, „unsere Rosa" – ein „Gutmensch", die als Revolutionärin sagte: „Freiheit ist die Freiheit der Andersdenkenden!"

Das reicht aber nicht!

Wir sind mit Rosa Luxemburg noch lange nicht fertig, denn, was wir von ihr zu wissen glauben, ist recht dürftig, und die Realität ihres Lebens und Wirkens sah oft anders aus als es schien. Das fängt schon mit dem Äußeren an:

Auf Fotos und in Filmen bekommen wir fast immer eine feine, gut gekleidete Frau jüngeren oder mittleren Alters zu sehen. Die Bilder der sehr kleinen, gehbehinderten, angeschlagenen, vorzeitig gealterten Frau mit dem viel zu großen Kopf und einer völlig überdimensionierten Nase darin –, die sehen wir so gut wie nie.

Nur 1,46 m war sie groß – die Frau, die im Dezember 1870, anderen Dokumenten gemäß im Reichsgründungsjahr 1871 als Rosalie in die jüdische Handwerkerfamilie Luksenburg hineingeboren wurde. Das allerdings nicht im Deutschen Reich, sondern im von Russland annektierten Teil Polens, vermutlich im Grenzort Zamosc.

Von klein auf galt sie als sehr intelligent, doch im Alter von fünf Jahren wurde sie krank und musste monatelang das Bett hüten. Es ist nicht klar, ob sie eine angeborene Knochenirritation oder eine Knochentuberkulose, hatte oder falsch behandelt wurde. Jedenfalls blieb sie erstaunlich klein und hatte eine Gehbehinderung. Wenn sie aufgeregt oder erschöpft war, zog sie ein Bein etwas nach.

1880 zog die Familie nach Warschau, und Rosa konnte das Zweite Russische Mädchengymnasium besuchen. Als es Weihnachten 1881 in Warschau zu einem Pogrom gegen Juden kam, wurde auch die Wohngegend der bessergestellten Juden, in der die Luxemburgs wohnten, vom plündernden Mob heimgesucht. Diese Ausschreitungen hinterließen bei Rosa eine lebenslange Angst vor Menschenmassen. Schon bald nach den Schreckenserlebnissen sollte sie sich gegen das Gefühl der Hilflosigkeit wehren. Sie begann, sich in dem politischen Zirkel „Proletariat" zu engagieren. Auch ihre Vorstellung von ihrem Lebensweg schien davon beeinflusst zu sein: „Mein Ideal ist eine solche Gesellschaftsordnung, in der es mir vergönnt sein wird, alle zu lieben."

An dieses Skript hielt sie sich ihr Leben lang, – was sie besonders unbequem macht für all uns Abweichler, Ausreden-Weltmeister und Umfaller.

1889, mit 18 Jahren, überschritt Rosa Luxemburg illegal die Grenze von Ost nach West. Floh sie damals in die Schweiz – wie viele Biografen schreiben –, um einer drohenden Verhaftung ob ihrer politischen Aktivitäten zu entgehen? Oder ging sie in die Schweiz, weil diese damals eines der wenigen Länder war, in dem eine Frau studieren konnte?

An der Zürcher Universität sollte sie jedenfalls Vorlesungen besuchen zur Staatswissenschaft, Geschichte und zu ausgewählten Wirtschaftsthemen. Doch mindestens genauso wichtig waren ihre Aktivitäten außerhalb der Alma Mater. Dort stand täglich „revolutionäre Strategie" auf dem Stundenplan, denn die Schweiz, vor allem Zürich, war der Ort der politischen Flüchtlinge Europas: Hier trafen sich verstoßene Sozialrevolutionäre, Anarchisten und Kommunisten wie Georgi Plechanow, Lenin oder der ungestüme Leo Jogiches, der Rosas schwieriger Lebenspartner werden sollte. Beide gehörten 1894 in Warschau zu den Mitbegründern und Führern der illegalen sozialdemokratischen Arbeiterpartei des Königreichs Polen.

1897 schloss Rosa ihre Promotion mit dem Thema „Die industrielle Entwicklung Polens" ab – die theoretische Basis ihrer revolutionären Politik.

Sicherlich wäre sie auch Schweizerin geworden, wenn es ihren Zielen genutzt hätte. Doch für ihr Wirken wollte sie eine größere Bühne mit internationaler Geltung. Und die gab es so nur im Deutschen Reich: Die deutsche Sozialdemokratie galt – heute kaum noch zu glauben – als die fortschrittlichste, kreativste und größte Arbeiterorganisation in Europa. Um die deutsche Staatsbürgerschaft und das Recht zur politischen Betätigung zu erlangen, ging Rosa Luxemburg 1898 eine von den Genossen organisierte Scheinehe mit dem deutschen Staatsbürger Gustav Lübeck ein. Als frisches Mitglied der SPD suchte Rosa sich daraufhin eine Nische, um erste Lorbeeren zu sammeln. Ideologisch fand sie diese im linken Parteilager: „Daß ich mir meine Epauletten in der deutschen Bewegung erst holen muß, weiß ich; ich will es aber auf dem linken Flügel tun, wo man mit dem Feinde kämpft, und nicht auf dem rechten, wo man mit dem Feinde kompromisseln will." Geografisch fand sie ihre Nische in Oberschlesien, wo überwiegend Polnisch gesprochen wurde. Hier konnte sie dank ihrer Begabung als Rednerin die Wahlergebnisse der Partei in kurzer Zeit steigern.

Gerade in dem Verzicht auf effektheischende rhetorische Mittel sieht ihr Biograf Paul Fröhlich die Größe ihrer öffentlichen Reden: „Sie fesselte durch die unentrinnbare Logik der Darstellung, durch die Gabe, das Wesen der Dinge durch die einfachsten Mittel klarzumachen, so daß auch nicht ein Satz unverstanden über die Köpfe der Zuhörer hinwegrauschte."

Als sensible Analytikerin der Gesellschaft konnte sie nicht nur die großen Zusammenhänge nachvollziehbar erklären, sondern auch die kleinen Ereignisse im Alltag mit den großen Zusammenhängen verknüpfen. Etwa, als sie im Mai 1899 anhand einer Zeitungsnotiz über den verzweifelten Freitod eines Familienvaters die soziale Kälte unserer Welt feststellte: „Erst die bürgerliche Gesellschaft breitete über ihre Verbrechen den Schleier der Unsichtbarkeit. Erst sie sprengte alle Bande zwischen den Menschen und überließ den einzelnen seinem Schicksal, seinem Elend ... Und wir selbst, überfliegen wir nicht mit gelangweiltem Blick jeden Tag die ‚vermischten Nachrichten', diesen großen Müllkasten, in dem der Abfall der bürgerlichen Gesellschaft – Diebstahl, Mord, Selbstmord, Unfall – täglich abgeladen wird? ... Und in jedem Augenblick fällt irgendwo neben uns ein Opfer, unverschuldet, hilflos, verlassen, mit einem furchtbaren Rätsel im Herzen, mit einer schrecklichen Frage auf den Lippen, mit einem erstaunten, hoffnungslosen Blick auf dies millionenköpfige und doch kopflose, mit Millionen Herzen schlagende und doch herzlose, Millionen Menschen umfassende und doch unmenschliche, taube, blinde Ungeheuer – die bürgerliche Gesellschaft!"

Darüber hinaus nahm sie in zahlreichen Zeitungsartikeln zur internationalen Sozialpolitik Stellung, und es dauerte nicht lange, bis die SPD-Parteiführung in Berlin auf sie aufmerksam wurde. Schon bald darauf griff sie ungefragt in den Richtungsstreit der Partei ein. In ihrer 1900 erschienen Broschüre „Sozialreform oder Revolution?" forderte das junge Parteimitglied dreist den Ausschluss altgedienter „Reformisten" aus der Partei. Dieses Spektrum der Sozialdemokratie sah sie vor allem in deren Vordenker Eduard Bernstein verkörpert, weil er aussprach, was ohnehin längst politische Realität der SPD war: Statt auf den Zusammenbruch des kapitalistischen Systems zu warten, um dann die Diktatur des Proletariats zu schaffen, sollte sich die Partei darauf konzentrieren, die Macht auf evolutionärem Wege allmählich zu erringen – durch die parlamentarische Demokratie und eine ständige Verbesserung der ökonomischen, sozialen und kulturellen Lage der Arbeiterschaft. Tatsächlich gewann die SPD nach der Abschaffung der Sozialistengesetze beständig mehr Wählerstimmen und wurde schließlich zur stärksten Fraktion im Reichstag.

Auch den Arbeitern ging es immer besser – aber eben nicht allen. Viele, besonders Arbeitslose und Tagelöhner, hausten in Elendsvierteln, die sich rund um die Großstädte, vor allem Berlin, erstreckten.

Rosa Luxemburg dagegen wollte nicht die Symptome behandeln, sondern die Krankheit an der Wurzel packen und beseitigen. Ohne den Kampf um die politische Macht gebe es ihrer Meinung nach keine soziale Gerechtigkeit. Und ohne politische Macht könne auch nicht das Ende von Militarismus und Imperialismus erreicht werden. Reformstreben entsprach aber auch einfach nicht ihrem Naturell oder ihrem selbstgewählten Lebensmotto.

Radikal – aber immer mit Stil

Während Rosa Luxemburg nach außen hin kräftig austeilte, hatte sie eine empfindsame Seele. Und die nährte sie durchaus mit bürgerlichen Inhalten: Sie liebte adrette Kleidung und biedermeierliche Gemütlichkeit, Malerei, Botanik und Reisen, Ethnologie, klassische Musik – und die Literatur. Auch sie selbst schrieb – und nicht nur ihre Kampfschriften. 15 000 Briefe sind von ihr erhalten. Darunter herzzerreißende Liebesbriefe an ihren langjährigen, labilen Liebhaber Jogiches sowie die eingangs zitierten Briefe aus dem Gefängnis an gute Freunde. Immer fand sie treffende Worte für ihr Leiden und ihre Sehnsucht, ohne dabei in Selbstmitleid oder erhabene Melancholie abzurutschen.

Romantikerin im Verborgenen, sollte sie sich indessen verwandeln, sobald sie eine Bühne oder ein Podium betrat. Dann wurde aus der kleinen, stilvoll gekleideten Frau eine Agitatorin, die vor lauter Erregung am liebsten beim Reden auf und ab lief.

Mit ihrer kräftigen Stimme durchdrang sie jeden Saal, übertönte das Murmeln der Parteigenossen. „Wir sehen die russische Revolution, und wir wären Esel, wenn wir daraus nichts lernten!" Vor unserem heutigen

Erfahrungshorizont klingt die Kampfrhetorik des radikalen Sozialismus etwas simpel. Doch damals konnte sie „Berge versetzen". Hunderttausende Arbeiter machten in Schlesien Aufstände oder im rheinisch-westfälischen Kohle- und Industriegebiet. In den Großstädten gingen Millionen auf die Straße.

Als Vorbild diente Rosa die erste, wenn auch gescheiterte Revolution in Russland: Die hatte 1904 mit einem wochenlangen Generalstreik in der Erdölregion Baku begonnen, gefolgt von Massenstreiks in den Fabriken von St. Petersburg. Als diese vom Militär mit einem Blutbad beendet wurden, kam es auch in den anderen Industriegebieten des Russischen Reiches zu Aufständen. Die Arbeitermassen reagierten direkt. Rosa geriet ins Schwärmen: „Von einem vorgefaßten Plan, einer organisierten Aktion keine Rede, denn die Aufrufe der Parteien vermochten kaum, mit den spontanen Erhebungen der Massen Schritt zu halten, die Leiter hatten kaum Zeit, die Losungen der vorausstürmenden Proletariermenge zu formulieren." Die Revolution schien tatsächlich nahe, denn die europäischen Monarchien hatten sich überlebt und konnten die bürgerliche Gesellschaft und deren proletarischen Nährboden nur mit starken Repressionen unterdrücken!

Und wie stand die Frau, die in ihrer Jugend ein Pogrom miterlebt hatte, das sie nachhaltig traumatisierte, zur Gewalt? Eine Revolution ganz ohne konnte es nicht geben – das stand für sie fest: „Eine Welt muß umgestürzt werden, aber jede Träne, die geflossen ist, obwohl sie abgewischt werden konnte, ist eine Anklage, und ein zu wichtigem Tun eilender Mensch, der aus roher Unachtsamkeit einen armen Wurm zertritt, begeht ein Verbrechen."

Beide Prinzipien – spontane Organisation und moralische Disziplin – ließen sich jedoch nicht mit einem rebellierenden Pöbelproletariat umsetzen, dazu bedurfte es einer Arbeiterschaft, die durch ihre Organisationen gebildet und geschult wurde. Wenn jemand das deutsche Pulverfass mit Worten entzünden konnte, dann jemand wie Rosa!

Das spürte auch die wilhelminische Obrigkeit. Deshalb wurde Rosa Luxemburg 1904 wegen Majestätsbeleidigung – sie hatte behauptet, Kaiser Wilhelm II. habe vom sozialen Elend seiner Untertanen keine Ahnung – zu drei Monaten Gefängnis und 1906 wegen „Anreizung zum Klassenhass" zu zwei Monaten Haft verurteilt.

Doch ihre Angriffslust richtete sich auch immer wieder gegen die Parteilinie der SPD und Einzelne ihrer Führer. So endete die Freundschaft mit dem SPD-Vordenker Karl Kautsky, weil man sich nicht zuletzt über die Rolle des Generalstreiks im politischen Kampf einigen konnte.

Trotzdem bot man ihr im Herbst 1907 eine Dozentenstelle in der Berliner Parteischule an, wo sie allgemein verständliche Schulungen zur Nationalökonomie durchführte. Auch hier galt der promovierten Staats- und Wirtschaftswissenschaftlerin das Credo: „Wer klar denkt und die Sache, von der er spricht, gründlich beherrscht, drückt sich auch klar und verständlich aus." Ihre Zuhörer waren begeistert und als Franz Mehring 1915 seine Karl-Marx-Biografie verfasste, bat er Rosa um Mitarbeit. Sie schrieb eine Zusammenfassung der schwer zugänglichen und als Nachlass erschienen Bände 2 und 3 des „Kapitals", die bis heute als glänzende Einführung in die Werke gelesen wird. In ihrem Hauptwerk: „Die Akkumulation des Kapitals – eine Analyse der gesamten kapitalistischen Produktionsweise" entwickelte sie aber auch Marxens Theorie in einem entscheidenden Punkt weiter.

Marx stellte vor allem die Tendenz der kapitalistischen Produktionsweise in den Mittelpunkt, sich alle Bereiche des Lebens und der Natur nach und nach einzuverleiben und in ihren Verwertungsprozess zu integrieren. Rosa Luxemburg dagegen betonte, dass es immer auch ein unreguliertes Außen geben müsse: „Die andere Seite der Kapitalakkumulation vollzieht sich zwischen dem Kapital und nichtkapitalistischen Produktionsformen. Ihr Schauplatz ist die Weltbühne. Hier herrschen die Methoden der Kolonialpolitik, internationales Anleihesystem, Politik der Interessenssphären, Kriege. Hier treten ganz unverhüllt Gewalt, Betrug, Bedrückung, Plünderung zutage ..."

Dieses Prinzip ist bis heute wirksam, denn in der Globalisierung saugen weltweit agierende Unternehmen und Handelsketten einen Großteil ihres Profits aus der Ungleichheit der wirtschaftlichen, ökologischen, politischen und sozialen Entwicklung. In einer Zeit, in der trotz steigender Energiepreise die Transportkosten nicht ins Gewicht fallen, kann so der kleinste Rohstoffpreis- oder Lohnunterschied ausgeschöpft werden. Gleichzeitig schonen wir unsere Umwelt und lassen die Natur woanders ausbeuten.

Rosa Luxemburg vermochte jedoch nicht, sich vorzustellen, dass diese weltweite Kapitalakkumulation noch mindestens weitere 100 Jahre fortbestehen würde. Sie hielt die Phase des Imperialismus als „Schlussperiode in der geschichtlichen Laufbahn des Kapitals".

Deshalb blieben Imperialismus und Militarismus auch in der politischen Praxis Rosas Hauptangriffsziele. Weil sie bei Kundgebungen zur Kriegsdienstverweigerung aufrief, wurde sie im Frühjahr 1914 zu einem Jahr Gefängnis verurteilt. Und im Sommer desselben Jahres musste sie beim Ausbruch des Ersten Weltkrieges hilflos mit ansehen, wie der mangelnde Widerstand gegen den Militarismus ihre SPD in eine Zwickmühle brachte.

Da Österreich-Ungarn die Drahtzieher des Attentats von Sarajevo in Serbien vermutete, griff es nach einem Ultimatum an. Doch hinter Serbien stand das aggressive Russland, das mit Frankreich und Großbritannien verbündet war. Österreich-Ungarn indessen konnte sich nach kurzem diplomatischen Austausch auf die Bündnistreue des Deutschen Reiches verlassen. Dort freute man sich im August über den Kriegsausbruch. Kaiser Wilhelm II. hatte in den Jahrzehnten zuvor ohnehin massiv aufrüsten lassen: Das Deutsche Reich sollte seinen Platz in der Welt verteidigen können. Und so kam es, dass Kriegstaumel und vaterländische Treue auch die Reichstagsabgeordneten der SPD ergriffen, die den benötigen Kriegskrediten zustimmten. Erst bei den weiteren Abstimmungen zu immer neuen Kriegsanleihen verweigerten sich Abgeordnete wie Karl Liebknecht, der Sohn des Parteimitbegründers Wilhelm Liebknecht. So wurde es schließlich unvermeidlich, dass sich eine Gruppe ernsthafter Antiimperialisten und Pazifisten von der SPD abspaltete und die USPD (U – für „unabhängig) ins Leben riefen. Rosa Luxemburg war an dieser Entscheidung nicht beteiligt, sie saß seit Februar 1915 ihre Gefängnisstrafen ab, während ihr gleichzeitig erneut der Prozess wegen Hoch- und Landesverrats gemacht wurde. Zur gleichen Zeit durchlebten die überwiegend aus der Arbeiterschaft stammenden einfachen Soldaten, soweit sie überlebten, in ihren Schützengräben die Hölle, während die Oberste Heeresleitung (OHL) in dieser „Materialschlacht" bedenkenlos ganze Kompanien wie Figuren auf dem Schachbrett hin- und herschoben.

Dabei verzettelte sich das Heer an den Fronten: im Westen gegen die Franzosen und ihre Alliierten, im Osten gegen Russland, im Nahen Osten, in den afrikanischen Kolonien und im Pazifikraum gegen das britische Kolonialheer. Je mehr es aber Großbritanniens Flotte gelang, die Seehoheit zu erobern, desto eher konnte sie damit die Nachschublinien des Deutschen Reiches kappen, wo nicht nur das Kriegsmaterial, sondern auch die Lebensmittel für die Bevölkerung immer knapper wurden.

Währenddessen kämpfte Rosa ihren einsamen Kampf: Kaum wurde sie im Februar 1916 aus der Haft entlassen, schrieb sie eine Broschüre über die Verlogenheit des sozialdemokratischen Patriotismus. Prompt wurde sie im Juli in „Sicherheitsverwahrung" genommen, die erst Anfang November 1918 aufgehoben wurde.

Die Revolution hält sich nicht an den Fahrplan

Zumindest an der Ostfront ruhten ab Oktober 1917 die Kämpfe, denn die deutsche Führung hatte mit Kalkül Lenin nach Russland eingeschmuggelt. Die Bolschewiki setzten sich nun an die Spitze der Russischen Revolution und handelten einen Frieden mit dem Deutschen Reich aus.

Rosa Luxemburgs anfängliche Begeisterung für die Russische Revolution wich dagegen schnell einer nüchternen Kritik. Schon früher hatte sie eine zentral gesteuerte Revolutionspartei, wie sie Lenin vorschwebte, kritisiert.

Jetzt bezog sie Stellung dagegen, dass die Bolschewiki die verfassungsgebende Versammlung auflösten und die demokratischen Rechte radikal stutzten. Das war keine Diktatur des Proletariats, sondern eine der Parteiführung. In diesem Zusammenhang erklärte sie auch: „Freiheit nur für die Anhänger der Regierung, nur für die Mitglieder einer Partei – mögen sie auch noch so zahlreich sein – ist keine Freiheit. Freiheit ist immer die Freiheit der Andersdenkenden." Denn die wahre „Diktatur des Proletariats" sollte durch die „Kontrolle der gesamten Öffentlichkeit" legitimiert werden.

Wie dies in der Praxis aussehen könnte, – das geben selbst große Rosa-Luxemburg-Verehrer wie die Politologin Frigga Haug zu – dazu hat Rosa wenig geschrieben. Ihre Theorie der permanenten revolutionären Praxis setzt auf Spontaneität, das heißt, die Veränderungen sollten keinem Plan folgen, die einzelnen Schritte dafür durch die Reflexion der Handelnden bestimmt werden. Motor sei dabei die Masse selbst, eine Art proletarische

Schwarmintelligenz. Dabei allerdings lässt Luxemburg die Psychologie der Masse vollkommen außer Acht – etwa die Macht kleinster richtungsweisender Impulse oder das Bedürfnis nach Führung und Ritualisierung. Auch in den sozialistischen Theorien spiegelt sich mehr vom individuellen Charakter der Vordenker, als den Linken lieb ist.

Als im April 1918 die Vereinigten Staaten in den Krieg gegen das Deutsche Reich und seine Verbündeten eintraten, waren die deutschen Soldaten bereits restlos demoralisiert und die deutsche Bevölkerung durch zwei Hungerwinter vollkommen erschöpft. Am 29. Oktober verweigerten die Matrosen der in Wilhelmshaven stationierten Kriegsschiffe den Gehorsam. Auslöser für die nun folgende Revolte war die Entscheidung der Obersten Heeresleitung, die Flotte zu einem „letzten großen Kampf mit England" auslaufen zu lassen – nichts anderes als ein planvolles „Verheizen". Am 3. November verweigerten sich auch die Matrosen in Kiel. Es kam zum Aufstand, und wie in einer Kettenreaktion gründeten sich überall im Reich Arbeiter- und Soldatenräte, welche die kommunale Regierungsgewalt in die Hände nahmen. Der Druck der Straße wurde so groß, dass es nur noch einen Ausweg gab: Die Regierung musste zurücktreten und der Kaiser abdanken. Reichskanzler von Baden erklärte am 9. November den Thronverzicht des Kaisers und seiner Erben und übergab die Regierungsgeschäfte an den Sozialdemokraten Friedrich Ebert. Am 11. November unterzeichnete der Zentrumspolitiker Matthias Erzberger für das Deutsche Reich den Waffenstillstand – ohne Wilhelm II.

Die Politiker des Übergangs waren nicht die Vaterlandsverräter, als die sie dann von rechts dargestellt wurden, sondern die Lückenbüßer, welche die Verantwortung für das übernahmen, was andere – vor allem die OHL und der Kaiser – angerichtet hatten.

Und genau an jenem 9. November wurde Rosa Luxemburg aus der Haft entlassen. Sie eilte nach Berlin. Dort wurde flugs die Zeitung des Spartakusbundes, die *Rote Fahne*, gegründet – dafür besetzte man einfach den *Berliner Lokalanzeiger*.

Nun überschlugen sich die Ereignisse: Während Phillip Scheidemann die Republik ausrief, proklamierte Liebknecht die „freie, sozialistische Republik Deutschlands" und führte später aus: „Es ist der gegebene

Augenblick, das ganze kapitalistische Gebäude zu zerstören und eine neue Welt aufzubauen." Doch das wollte die SPD mit allen Mitteln verhindern und verbündete sich deshalb mit dem Militär, dessen Hierarchien sie unangetastet ließ. Auch die berüchtigten Freikorps ließ man gewähren.

Am 16. Dezember fand der entscheidende Rätekongress in Berlin statt, zu dem sich mehrheitlich SPD-Leute als Delegierte hatten aufstellen lassen. Sie entschieden sich nun gegen die Räteregierung und für die Nationalversammlung.

Rosa Luxemburg und Karl Liebknecht waren nicht einmal Delegierte, sie hatten lediglich zu einer Demonstration vor der Halle aufgerufen, doch den Rätekongress selbst konnten sie nicht beeinflussen. Dort wurde mit großer Mehrheit für die Nationalversammlung und eine parlamentarische Demokratie gestimmt, da konnte Rosa noch so klug am folgenden Tag in einem *Rote-Fahne*-Artikel für eine Räteregierung argumentieren. Die Radikalisierung der deutschen Politik ging immer schneller voran: Zum Jahreswechsel 1918/19 gründeten die Spartakus-Leute die Kommunistische Partei Deutschlands (KPD), Rosa Luxemburg hätte eine „Sozialistische" Partei angemessener gefunden. Außerdem fragte sie: Warum eine Partei gründen, wenn man sich nicht an den Wahlen zur Nationalversammlung beteiligen will?

Die Massen in Berlin waren Anfang Januar hin- und hergerissen, als der linksgerichtete Polizeipräsident von Berlin, Emil Eichhorn, abgelöst werden sollte. Dem Aufruf von Räte-Führern und der *Roten Fahne* zu Protestaktionen folgten Hunderttausende. Die KPD sah die Gunst der Stunde, gründete einen Revolutionsausschuss, ließ Zeitungsgebäude – unter anderem das des *Vorwärts* – besetzen und rief am 6. Januar zum Generalstreik auf. Nun holte der Sozialdemokrat Gustav Noske, der als Volksbeauftragter für Heer und Marine den Kontakt zum Militär hielt, die aus versprengten Armeeteilen zusammengesetzten Freikorps zu Hilfe. Diese hatten sich rund um Berlin in Stellung gebracht. In nur drei Tagen mähten diese die Revolte mit Artillerie, Maschinengewehren und größter Brutalität nieder: Über 200 Tote blieben zurück.

Die „Revolution" aber war gescheitert, weil die Massen nicht gefolgt waren. Die Ereignisse sollten als „Spartakusaufstand" in die Geschichte eingehen.

Warum nur hatte Rosa Luxemburg, die intelligente Analytikerin und Strategin, die Situation so falsch eingeschätzt?

Wollte sie an etwas glauben? Es lebe die Revolution – um jeden Preis?

Dass diese Frage nicht zu beantworten ist oder allenfalls unzureichend, das macht sie, die beliebteste deutsche Linke, gleichzeitig zu einer der unbequemsten.

Rosa Luxemburg versuchte indessen, selbst zu ergründen, warum die Revolution nicht von der Stelle kam. Schließlich war sie nicht bereit, sich etwas vorzumachen: „Die wunde Stelle der revolutionären Sache in diesem Augenblick, die politische Unreife der Soldatenmassen, die sich immer noch von ihren Offizieren zu volksfeindlichen, gegenrevolutionären Zwecken mißbrauchen lassen, ist allein schon ein Beweis dafür, daß ein dauernder Sieg der Revolution in diesem Zusammenhang nicht möglich war. Andererseits ist diese Unreife des Militärs selbst nur ein Symptom der allgemeinen Unreife der deutschen Revolution."

Reaktionäre Kräfte im Bündnis mit dem Militär und den SPD-Führern veranstalteten nun eine regelrechte Treibjagd auf Liebknecht und Luxemburg („Schlagt ihre Führer tot!") – besonders Rosa wurde zu ihrer erklärten Feindin: Frau, Jüdin, behindert, intellektuell und revolutionär!

Trotzdem wollte diese Berlin nicht verlassen, auch wenn das bedeutete, dass sie ständig den Aufenthaltsort wechseln musste. Das Ende ist bekannt: Am 15. Januar wurde sie zusammen mit Karl Liebknecht von einer Bürgerwehr festgesetzt und von Freikorpssoldaten der Garde-Kavallerie-Schützen-Division verschleppt. Beide wurden ins Hotel Eden gebracht und dort einzeln von Hauptmann Waldemar Pabst verhört. Die Soldaten waren ruppig mit Rosa umgesprungen und hatten ihren Rock eingerissen. Also nähte sie während des Verhörs, was sicherlich nicht im Plauderton vonstatten ging, den Saum wieder an. Das sind die kleinen überlieferten Geschichten, aus denen große Mythen entstehen.

Im Anschluss an die Vernehmung wurde sie von den Soldaten brutal misshandelt, vermutlich auch mit einem Gewehrkolben schwer am Kopf getroffen. Daraufhin wurde sie in ein Auto gezerrt und bereits während der Fahrt von ihren Bewachern mit einem Kopfschuss ermordet. Der Wagen fuhr zum Tiergarten, wo Rosas Leiche von Soldaten in den Landwehrkanal geworfen wurde.

Nicht bekannt dagegen ist bis heute: Wer hat den tödlichen Schuss abgegeben? Hat sich Pabst vorher mit Gustav Noske über das Vorgehen telefonisch verständigt?

Erst rund vier Monate später wurde Rosas Leiche an einer Schleuse aus dem Landwehrkanal geborgen, obduziert und anschließend in Friedrichshain beigesetzt.

Unbequem waren Rosa Luxemburgs Reden, ihr Schreiben und Handeln zu Lebzeiten für ihre zahlreichen Gegner, auch die in den eigenen Reihen.

Für die Freicorps, die Konservativen bis hin zu Noske und seinem rechten SPD-Flügel war sie am Ende schlichtweg ein linkes „Flintenweib“, das sein schlimmes Schicksal herausgefordert hatte.

Unbequem blieb ihre Theorie – ihr Vertrauen in die selbstorganisierende Intelligenz der revolutionären Massen – über ihren Tod hinaus für das sozialistische Lager. Selbst Stalin sah sich genötigt, eine Kritik an ihrer Spontaneitätstheorie zu verfassen.

Und auch in ihrem Heimatland kehrten sich die Fronten interessanterweise um: In der Bundesrepublik wurde mit Luxemburgs Losung „Freiheit ist die Freiheit der Andersdenkenden“ der realexistierende Sozialismus mit seiner Einheitspartei und amtlichen Einheitsmeinung bekämpft.

In der DDR wiederum wurde Rosa Luxemburg allein als „Opfer des Faschismus“ verehrt. Die Verwalter ihres Nachlasses dort verzögerten die Herausgabe der Teile ihrer Werke und Briefe, die ihnen unbequem waren bis zur Wende, von einer inhaltlichen Auseinandersetzung mit ihrem Denken ganz abgesehen.

Aber kann das allein schon die Faszination ihrer Person erklären? Wohl nicht. Denn hinzu kommt der Umstand, den Heinrich Heine einmal so umschrieb: „Der Initiator stirbt oder wird abtrünnig ...“ Das war auf den Philosophen Immanuel Kant bezogen, der nach seiner kompromisslosen „Kritik der reinen Vernunft“ eine seichtere „Kritik der praktischen Vernunft“ und dann eine widersprüchliche „Kritik der Urteilskraft“ verfasste.

Doch dieser Satz gilt sogar noch mehr für Revolutionäre: Bestes Beispiel sind die kubanischen Freiheitskämpfer Che Guevara (früher Tod im

Kampf – Idol ganzer Generationen) und Fidel Castro (der blieb im Amt, wurde aber dadurch nicht beliebter).

Wie alle Helden, um die sich ein Mythos rankt, musste auch Rosa Luxemburg früh sterben. Was wäre aus ihr geworden, hätte sie lange gelebt? Eine Parteifunktionärin, eine radikale Außenseiterin?

Diese Widersprüche, enthalten in einer Verheißung, die bislang in der Geschichte noch nicht eingelöst wurde, machen das Faszinierende aus – und das Unbequeme. Denn eine Antwort bekommen wir nicht: Das Versprechen fortwährender revolutionärer Praxis – hätte sie es einlösen können? Was wäre aus ihr geworden? Eine ewig nörgelnde Oppositionspolitikerin (quasi eine Vorläuferin der heutigen Links-Parteigängerinnen)?

Oder nehmen wir an, die Revolution wäre geglückt und hätte eine ähnliche Entwicklung wie in der UdSSR genommen. Wäre sie dann eine Diktatorin der Revolution geworden? Oder eine Frau, die sich den Mühen der Ebene entzogen hätte, die Macht scheuend? Wir wissen es nicht, nur dass sie entzaubert worden wäre.

Hatte Heine also recht? Die Initiatorin stirbt oder wird abtrünnig ...?

Militarist oder multiple Persönlichkeit?
Kaiser Wilhelm II.

(1859–1941)

Im Juni des Kriegsjahres 1916. Nach einem Essen sitzt Kaiser Wilhelm II. mit seinen Leuten im Salon. Seit zwei Jahren ist er Mitglied der Obersten Heeresleitung (OHL), die die Reichswehr befehligt. An diesen Tag hat er eine Denkschrift über die Entzifferung der Hethitersprache in die Hände bekommen, aus der er nun den Versammelten vorliest. Anschließend empört er sich, dass ihm diese wichtige Schrift nicht sofort nach Erscheinen überreicht worden sei. Als Maximilian Freiherr von Lyncker darauf hinweist, dass man davon ausgegangen sei, der Kaiser sei im momentanen Kriegszustand mit wichtigeren Aufgaben beschäftigt, braust Seine Hoheit auf: „Was, wichtigere Dinge? Die Erschließung der Hethitersprache ist mindestens so wichtig wie der ganze Krieg. Hätte sich die Welt mehr mit den Hethitern beschäftigt, so wäre der Krieg gar nicht ausgebrochen."

Was wollte Seine kaiserliche Hoheit damit sagen? War der Kaiser Kulturforscher oder Archäologe, der neue zivilisationsgeschichtliche Zusammenhänge aufdeckte? Oder war er der Kriegsangelegenheiten nach zwei Jahren Materialschlacht an der Westfront einfach müde?

Diese Szene wirft sicherlich die Frage auf nach der geistig-seelischen Verfassung des Staatsoberhauptes: Begriff er überhaupt noch den Ernst der Lage? Oder war dieser Ausbruch nur Ausdruck seines sprunghaften Charakters, der ihn trotz unterschiedlichster Talente auf so vielen Gebieten zum Dilettanten werden ließ?

Bis heute wissen wir nicht, welchen Anteil Schuld er am Ausbruch des Ersten Weltkriegs – der Urkatastrophe des 20. Jahrhunderts – wirklich trägt. Geht es nach der populären Geschichtsauffassung, dann war Wilhelm II. zwar sprunghaft, doch zugleich mächtig genug, um seine treuen Untertanen in den Abgrund zu führen. Aber diese Position lässt sich nicht halten: Zwar ließ er das Deutsche Reich aufrüsten, provozierte England, Russland und Frankreich, wo er nur konnte, doch dann stellte er sich – wenn auch kraftlos – dem aufziehenden Krieg entgegen, um die Führung der Kriegsberauschten zu übernehmen und schließlich als Spielball der Obersten Heeresleitung zu enden.

Wie konnte es zu diesem Wankelmut und dem nicht immer glücklichen Versuch seiner politischen Inszenierung kommen? Und wie konnte sich so eine Persönlichkeit dreißig lange Jahre an der Macht halten?

Auch nach rund 100 Jahren haben wir immer noch kein überzeugendes und schlüssiges Bild vom letzten Kaiser, obwohl er doch eine Schlüsselrolle in der dramatischen deutschen Geschichte des 19. und 20. Jahrhunderts gespielt hat. Die Unbequemlichkeit bei Wilhelm II. erstreckt sich also weniger auf ein Vermächtnis, das die Gemüter anregt oder aufregt, sondern schlicht auf die Frage, wie seine seltsame Wirkungsmacht überhaupt beschaffen war.

Alles begann mit dem Schicksalsjahr 1888, als der erste Kaiser des Deutschen Reiches, Wilhelm I., plötzlich starb. Unter seiner Führung hatte Preußen den Weg zur deutschen Einheit eingeschlagen. Zuvor wurden „schnell noch" zwei Kriege gewonnen: 1866 gegen den Konkurrenten Österreich, der ein Großdeutschland unter dieser Führung angestrebt hatte, und 1871 gegen den Widersacher Frankreich. Und schon wurde im Spiegelsaal von Versailles das Deutsche Reich ausgerufen und der König von Preußen zum Deutschen Kaiser Wilhelm I. gekrönt. Dieser wurde in seiner Regierungszeit zur beliebten Integrationsfigur, was unter anderem an seinem bescheidenen Auftreten lag. Zwar entwickelte sich sein Deutsches Reich zur größeren Version des preußischen Obrigkeitsstaates, aber einem mit Sozialversicherung für Arbeiter. Keine zwanzig Jahre nach seiner Gründung war das Deutsche Reich zur drittgrößten Industrie- und Handelsnation Europas aufgestiegen.

Als Wilhelm I. am 9. März 1888 im Alter von 91 Jahren starb, wurde sein Sohn Friedrich Wilhelm der neue Kaiser: Seine Majestät Friedrich III. Nach jahrzehntelangem Warten war mit ihm ein liberales Deutschland zum Greifen nahe, um dann durch eine tödliche Krankheit verhindert zu werden. Als Friedrich III. die Kaiserkrone trug, hatte der Kehlkopfkrebs dem neuen Herrscher bereits die Stimme geraubt. Nur 99 Tage währte die stumme Regierungszeit Friedrichs III., bis er von seinem qualvollen Leiden erlöst wurde.

Am 15. Juni 1888 rückte der neunundzwanzigjährige Spross der Kaiserfamilie ins höchste Amt auf: Aus Friedrich Wilhelm Viktor Albert von Hohenzollern wurde nun Seine Majestät Wilhelm II., Kaiser des Deutschen Reiches und König von Preußen!

Und worin lag seine erste Amtshandlung? Er ließ den Sitz der Eltern, das Neue Palais in Potsdam, vom Militär abriegeln und nach Beweisen für Verrat oder Verschwörung durchsuchen. Ein kleiner Racheakt gegenüber seiner Mutter Victoria, die ihren Erstgeborenen von Anfang an emotional abgelehnt hatte. (War der Grund dafür die körperliche Behinderung des Kindes? Der erhoffte Sohn und Thronfolger war mit einem verkrüppelten Arm zur Welt gekommen...)

Außerdem hatten seine ansonsten liberalen Eltern die Erziehung dem humorlosen Calvinisten Dr. Hinzpeter anvertraut. Nicht einmal lobte dieser Lehrer den Jungen, dafür gab er ihm umso mehr Prinzipien mit auf den Weg – vergebens, wie sich später herausstellte. Zum liberalen Erziehungsprinzip gehörte auch, dass Fritz nicht in eine Kadettenanstalt, sondern auf eine öffentliche Schule geschickt wurde – auf das Joachimsthaler Gymnasium in Kassel. Die Lehrer vor Ort ließen sich nicht von der Herkunft des Prinzen blenden – sein Abiturzeugnis weist als Gesamtnote nur ein „Genügend" auf! Nicht, dass dieser bescheidene Lernerfolg dem jungen Prinzen in irgendeiner Weise zu denken gegeben hätte. Der kleine Fritz wurde anmaßend, weil er von allen und jedem anerkannt werden wollte.

Um die Jahrhundertwende entwickelte der Wiener Arzt und Psychologe Alfred Adler seine Individualpsychologie, in der Minderwertigkeitsgefühle und Kompensationsstreben eine wichtige Rolle spielen. Unter „Überkompensation" versteht die Individualpsychologie all jene Verhaltensmuster, die darauf abzielen, Minderwertigkeitsgefühle durch Selbstinszenierung und übertriebenes Machtstreben zu überdecken. Das klingt wie eine versteckte Regieanweisung für das Lebensdrama von Fritz, dem späteren „Wilhelm II.". Denn seine Behinderung brachte ihn dazu, alles können zu wollen, was man mit zwei gesunden Armen tut: reiten, fechten, schießen... Und nicht nur das: Er wollte auf allen Feldern der Beste sein. Eine gefährliche Mixtur war so entstanden: Der kleine Fritz wurde darauf vorbereitet, der mächtigste Mann im Reich zu werden. Doch seine engste Umgebung versagte ihm jede emotionale Anerkennung. Stattdessen begann er, die Dinge zu lieben, die Stärke und vermeintliche Orientierung verhießen: das Zackige, das Militärische, das Preußische. Und schließlich alles Repräsentative: adrette Uniformen, ein großer Hofstaat, – dazu zählen gut 2300 Untergebene, von Generälen bis zu Dienern und Gärtnern – prachtvolle Paraden und sehr viele Reisen.

Allein im Jahr 1890 legten die kaiserlichen Sonderzüge 20 000 km zurück. Schon bald verlieh man ihm den Spitznamen: „der fliegende Hohenzoller" – eine Anspielung auf seine Jacht „Hohenzollern", ein kleines Kreuzfahrtschiff, mit dem er am liebsten unterwegs war. Ihn lockte der Orient mit seinen exotischen Geheimnissen ebenso wie der Norden als „Urheimat der Germanen". Er wurde bekannt dafür, dass er bis zu sechsmal täglich die Kleidung wechselte. Bei Familienfeiern wie Geburtstagen ordnete der Kaiser an, dass alle Angehörigen Uniform zu tragen hatten.

So gern er auch die Nase in den Fahrtwind hielt, in der Politik blickte Wilhelm II. nicht nach vorn, sondern zurück. Sein Ziel: unumschränkter Herrscher sein. Diese Rolle spielte er von Anfang an, indem er alle Dokumente mit „Wilhelm I.R." – „Imperator Rex" – unterschrieb, das Ganze von einem langen Schnörkel umrandet. (Der Volksmund machte aus „I.R.": „Immer Reisefertig!")

Dieser Titel „Imperator Rex" war glatte Anmaßung, denn tatsächlich war er nur der Repräsentant des Deutschen Reiches und nicht ihr absoluter Herrscher. Die Macht hatte Bismarck bei der Reichsgründung klug verteilt: Die einzelnen Bundesstaaten wie Preußen besaßen viel Spielraum, und deren Landesfürsten bildeten den Bundesrat, der zusammen mit dem Kaiser die Regierung bestimmte. Der vom Volk gewählte Reichstag hatte dagegen nur mehr das Recht zur „Mitbestimmung".

Nach 28 Jahren an der Macht hielt Bismarck als Reichskanzler und preußischer Ministerpräsident jedoch de facto die Staatsgewalt fest in seinen Händen. Sehr zum Verdruss des neuen Kaisers, der damit begonnen hatte, sein ganz persönliches direktes Regierungssystem zu installieren. Wilhelms Herrschaftsstil glich dem, was der Soziologe Norbert Elias als „Königsmechanismus" definierte: Amt und Person verschmelzen vollkommen, alles Politische wird persönlich – und umgekehrt. Im Zorn definierte Seine Majestät es einmal so: „Ich kenne keine Verfassung, ich kenne nur, was ich will!"

In allem der Beste, und alle sollen es wissen

Seine Freunde waren gleichzeitig seine persönlichen Berater, seine persönlichen Berater wurden zu seinen Freunden – oder er trennte sich von ihnen. So hatte sich Mitte des Jahres 1889 eine einflussreiche Beraterclique um Wilhelm II. gebildet, in der vor allem Fürst Phillipp zu Eulenburg und Friedrich von Holstein den Ton angaben.

Gleichwohl redete Seine Majestät weiterhin überall mit: Er entwarf ständig neue Paradeuniformen, er war ein ausgezeichneter Jäger, und er widmete sich technischen Dingen, so den Umbauten seiner Jacht „Hohenzollern", auch wenn diese nach Einbau einer von ihm entworfenen gewaltigen Backstube und der dazu benötigten Entlüftung ihre Hochseetüchtigkeit einbüßte. Wilhelm II. jagte, segelte und ritt besser als jeder andere. Automobile konnte er wegen seines gelähmten Armes nicht selbst fahren, also ließ er sich auf dem Rücksitz eine Apparatur einbauen, mit der er – zum Entsetzen der Chauffeure – Gas geben und bremsen konnte.

Immer musste der Mann mit dem verkrüppelten Arm sich beweisen, und alle Welt sollte ihm dabei zuschauen: Über 20 Hoffotografen, später auch Filmkameramänner, benötigte er zeitweise ganz für seinen persönlichen Gebrauch. Dabei hatte jede Aufnahme so zu erfolgen, dass die kaiserliche Behinderung nicht auffiel. Aus dem Material wählte Seine Majestät selbst die besten Einstellungen aus, die dann häufig in einer

Auflage von bis zu 100 000 Stück reproduziert wurden – Wilhelm II., der „Medienkaiser".

Das Deutsche Reich schien unterdessen in jeder Hinsicht aus den Nähten zu platzen: Die Bevölkerung wuchs von 1871 bis 1914 von 41 auf 65 Millionen. Zeitweise mussten sogar Lebensmittel importiert werden. Auch die Industrie wuchs rasch. Die Schwerindustrie machte England ernsthafte Konkurrenz, und in der Elektro- und Chemischen Industrie übernahm Deutschland sogar die weltweite Führung. Deutsche Ingenieure bauten die ersten Automobile und entwarfen immer effektivere Maschinen. Auf Jahrzehnte hin wuchs die Wirtschaft um fünf Prozent jährlich, es gab kaum Arbeitslosigkeit. Den Preis für dieses Wirtschaftswachstum zahlten vor allem die Arbeiter, von denen viele nicht nur in den berüchtigten Berliner Hinterhöfen, sondern auch in regelrechten Slums aus Bretterbuden im Umkreis der Reichshauptstadt und anderer größerer Industriestädte leben mussten. Diese konnten sich nicht gut organisieren, denn Reichskanzler von Bismarck hatte 1878 einen Anschlag auf Wilhelm I. geschickt dazu genutzt, um die ihm verhassten Sozialdemokraten und Gewerkschaften mit seinen „Sozialistengesetzen" zu unterdrücken.

Doch in der Sozialpolitik hatte der neue Kaiser ganz eigene Vorstellungen: Er träumte von einem Ausgleich der Klassen unter seiner Obhut – ganz wie es ihm sein Erzieher Hinzpeter mithilfe der damals ungeliebten Versöhnungstreffen mit den unteren Schichten nahegebracht hatte. Und als Bismarck dann am 20. Februar 1890 im Reichstag mit einer Verschärfung der Sozialistengesetze scheiterte, sah Wilhelm II. die Chance, den politischen Vormund loszuwerden. Er inszenierte ein Zerwürfnis mit dem Reichskanzler und erwartete dessen Abschiedsgesuch: Einen Tag später „ging der Lotse von Bord". Daraufhin ernannte der Kaiser völlig überraschend General Georg Leo von Caprivi zum Reichskanzler, ein Mann, treu ergeben, aber „von einer geradezu stupiden Unkenntnis in nichtmilitärischen Fragen" – so der preußische Gesandte Kurd von Schlözer. Diesem vertraute Wilhelm II. sogleich an – und so gab es Caprivi selbst an den Chef des Generalstabs weiter –, „er solle nicht lange bleiben". Wilhelm II. hatte sich einen Übergangskanzler zugelegt – solange, bis er die Staatsgewalt ganz in der Hand hielt.

Die deutsche Öffentlichkeit betrachtete diese Ereignisse mit Wohlwollen, denn man erwartete von dem jungen Kaiser einen Aufbruch in der Politik. Die Herrscher der anderen europäischen Großmächte versuchte Wilhelm II. in langer Korrespondenz zu beruhigen. Allerdings sah er nicht ein, warum man sich so stark an Russland binden sollte, und verwarf kurzerhand einen ganzen Teil der komplizierten internationalen Verträge und Verpflichtungen.

Hier zeigte sich, dass Bismarck zwar nach innen wie ein bissiger Hund vorgegangen war, sich aber nach außen als äußerst geschickter Diplomat erwies: ein Jongleur, der mit den fünf Kugeln – den Großmächten England, Frankreich, Österreich-Ungarn, Russland und Deutschland – zu spielen vermochte. Kaiser Wilhelm I. hatte noch freimütig zugegeben, dass er dazu nicht in der Lage war.

Und Wilhelm II.? „Ihm fehlte die Kunstfertigkeit", urteilt sein Biograf Franz Herre, „und er bemühte sich auch nicht, sie zu erlangen. Er beanspruchte die Spielführerschaft, aber er ließ sich nicht immer auf dem Spielfeld blicken, und wenn er auftauchte, störte er durch abruptes Eingreifen mitunter das Spiel."

Kann Wilhelm II. auch Weltpolitik?

Wilhelm II. fühlte sich zu Großem berufen, aber wie seine Berater und Untergebenen nach und nach entsetzt feststellen mussten, hatte er überhaupt keinen stringenten Plan. Dazu der renommierte Biograf John Röhl: „Wilhelms Annahme der Einladung des Zaren Alexander, an den russischen Armeemanövern teilzunehmen, nachdem er erst Tage zuvor erklärt hatte, er werde unter keinen Umständen nach Russland gehen ... sein Befehl an die kommandierenden Generäle im Ruhrgebiet, „bei der ersten Gelegenheit die Repetiergewehre spielen zu lassen", nachdem er wiederholt feierlich erklärt hatte, er könne die ersten Jahre seiner Regierung nicht mit dem Blut seiner Untertanen beflecken – all das und mehr führte zu der Überzeugung, der junge Kaiser sei wankelmütig und ohne eigene Zielvorstellung."

Wilhelm II. wollte zwar herrschen, sich aber nicht mit den Details des Regierens befassen. Das machte es seiner „Beraterclique" (Röhl) und deren Verbündeten in Militär, Industrie, Kolonialgesellschaft und Flottenverein umso leichter. „Wilhelm II. sagte oft nur das, was Lobbyisten von ihm hören wollten", urteilt der Mainzer Historiker Sönke Neitzel. „Das war beim Flottenbau so und auch bei der Kolonialpolitik". Das Resultat: Statt einer Politik der kunstvollen Diplomatie verfolgte der Kaiser einen rücksichtslosen Weg zur Weltmacht.

So forderte er auch für die Deutschen einen „Platz an der Sonne" und ließ nach den letzten freien Gebieten in Afrika, Asien und im Pazifikraum suchen. Um das Ziel eigener Kolonien zu verwirklichen, ließ er eine gewaltige Kriegsflotte bauen. „Wilhelms einziger Gedanke ist, eine Flotte zu haben, die größer und stärker als die britische ist; das ist wirklich reiner Wahnsinn, und er wird sehen, wie unmöglich und nutzlos dies ist ..." So schrieb hellsichtig Wilhelms Mutter Victoria an ihre Mutter, Königin Victoria von England. Wilhelm II. wollte auch in der Weltpolitik in der ersten Reihe mitwirken, indem er sich die Mittel hierzu beschaffte, ohne das zugehörige Handwerk – diplomatisches Geschick – zu erlernen. Dieser Weg musste aber über kurz oder lang zur Konfrontation führen: zwischen dem Deutschen Reich und den europäischen Großmächten sowie den Verbündeten. Als im November 1897 zwei deutsche Missionare in China ermordet wurden, lief ein Flottenverband aus, um deutsche Landsleute „zu schützen". Am 14. November besetzten deutsche Seestreitkräfte die Bucht von Kiautschou, die man sich schon vorher als Basis ausgesucht hatte. Notgedrungen verpachtete China das Gebiet für 99 Jahre an das Deutsche Reich.

Doch selbst in der Außenpolitik zeigte Seine Majestät kein Rückgrat, keine klare Linie.

Als 1896 von den ersten Ausschreitungen gegen die Armenier im Osmanischen Reich berichtet wurde, urteilte Wilhelm II. über dessen Herrscher Abdülhamid: „Ein elender Schurke, der nicht mehr Beachtung verdient." Auf den Rand einer Depesche seines Botschafters notierte er: „Der Sultan muss abgesetzt werden!" Doch schon einige Wochen später änderte Wilhelm seine Meinung wieder. Gemeinsam mit dem österreichischen Kaiser und dem russischen Zaren kam er zu dem Schluss, dass das Osmanische Reich noch lange existieren könne, wenn man es „mit ausländischer Einmischung verschonte". Und zum Geburtstag des Sultans am 1. September schickte Wilhelm II. dem Sultan eine handsignierte

Fotografie von seiner Familie – der Kaiser und die Kaiserin Auguste Viktoria, umgeben von den Kindern: sechs Söhne und eine Tochter.

Als der Kaiser 1898 bereits zum zweiten Mal Konstantinopel und das Osmanische Reich besuchte, kam das einer politischen Rehabilitation gleich und wurde vor allem in Frankreich und England von Politikern und Zeitungskommentatoren mit entsprechender Empörung kommentiert. Nachdem der Kaiser dem Sultan in Konstantinopel seine Aufwartung gemacht hatte, reiste er mit großem Anhang weiter nach Palästina, wo er einige antike Stätten besuchte und in Jerusalem die Erlöserkirche einweihte.

Doch im Wesentlichen diente die Reise einem seiner Lieblingsprojekte, der legendären Bagdadbahn (Istanbul – Bagdad). Der finanziellen Beteiligung der Preußischen Staatsbank an dem Bahnbau konnte Seine Majestät indessen nicht zustimmen, ohne erneut diplomatisches Porzellan zu zerschlagen: „Dass wir bald mit einer Verbeugung vor dem britischen Löwen, bald mit einem Knicks vor dem russischen Bären unsere Bahn bis Kuwait am Persischen Golf hindurchschlängeln."

Das Jubeln der Menge am Wegesrand ließ den Kaiser dahinschmelzen, und er erklärte sich kurzerhand zum Schutzherren der Muslime: „Der Sultan der Türkei und die 300 Millionen Mohammedaner in aller Welt, die in ihm ihr geistliches Oberhaupt verehren, können dessen versichert sein, dass zu allen Zeiten der deutsche Kaiser ihr Freund sein wird!"

Hatte Wilhelm II. zur Toleranz gegenüber anderen Völkern und Kulturen gefunden? Wenn überhaupt, dann nur vorübergehend. Eineinhalb Jahre später schlug er ganz andere Töne an – bei seiner Verabschiedung deutscher Soldaten, die als Hunnenrede ihren Weg in die Geschichtsbücher fand: „Pardon wird nicht gegeben! Gefangene werden nicht gemacht! Wer euch in die Hände fällt, sei euch verfallen! Wie vor tausend Jahren die Hunnen unter ihrem König Etzel sich einen Namen gemacht, der sie noch jetzt in Überlieferung und Märchen gewaltig erscheinen läßt, so möge der Name Deutscher in China auf 1000 Jahre durch euch in einer Weise bestätigt werden, daß es niemals wieder ein Chinese wagt, einen Deutschen scheel anzusehen!"

Auch in den folgenden Jahren ließ der Kaiser kein außenpolitisches Fettnäpfchen aus, in das er treten konnte, dann wurde die Luft auch in der Heimat dünn. 1907 erschütterte die sogenannte „Eulenburg-Harden-

Affäre" das Kaiserreich. Vor allem durch die Enthüllungen des Publizisten Maximilian Harden hatte die entrüstete Öffentlichkeit erfahren, dass die adeligen Mitglieder des kaiserlichen Beraterstabs zum großen Teil homoerotische Neigungen hatten. Wie konnte das geschehen? Hatten Wilhelms Vertraute Philipp zu Eulenburg und die Gebrüder Liebenberger heimlich ihre Gesinnungsgenossen eingeschleust oder hatte Seine Hoheit einer latenten Homosexualität nachgegeben? Nun erschienen auch die jeden Sommer stattfindenden kaiserlichen Nordlandfahrten entlang der norwegischen Küste in einem anderen Licht. Auf ihnen waren ausschließlich 350 gut aussehende Matrosen mit von der Partie, die alle ein oder zwei Instrumente spielten, dazu eine 60-köpfige rein männliche Bordgesellschaft.

Nachdem die Wellen der Entrüstung im In- und Ausland abgeebbt waren, wurde es um den Kaiser stiller. Zu diesem Zeitpunkt währte die Regentschaft Wilhelm II. schon 20 Jahre, seit rund 10 Jahren versuchte er, deutsche Weltpolitik zu betreiben. Ließen nun Kraft und Enthusiasmus nach?

Auf einer seiner Osterreisen durch das Mittelmeer hatte Seine Majestät 1907 die Adria-Insel Korfu als Refugium entdeckt, wo ihn die Menschen „freundlich und zugleich ehrfurchtsvoll" begrüßten. Hier erwarb er die an der steilen Ostküste gelegene Villa „Achilleion", die seit dem Tod der österreichischen Kaiserin Sisi leer stand – hierher wollte er sich zurückziehen.

Die Historiker sind sich im Großen und Ganzen einig, dass spätestens im Frühjahr 1911 seine Zeit endgültig vorbei war. Wilhelm II. suchte nun eine kleine überschaubare Welt mit kleinen überschaubaren Aufgaben.

Als in der Osterwoche 1911 am Rande von Korfus Hauptstadt ein antiker Stierkopf aus Stein freigelegt wurde, ließ der Kaiser eine Ausgrabung unter deutscher Leitung organisieren, bei der er, ausgestattet mit typischem Grabungswerkzeug, selbst mitarbeitete. Eine kleine Welt nicht ohne Komfort war das: Hunderte von Dienern, Beamten und Archäologen sowie fünf Automobile mussten vor Ort zu seiner ständigen Verfügung stehen. Die Ausgrabungen und die Renovierung des „Achilleions" verschlangen Unsummen. Sämtliche Ausgaben ließ Wilhelm vom deutschen Reich bezahlen. Immer noch nicht konnte er zwischen seinem politischen Amt und seiner Person unterscheiden: Er vernachlässigte seine Regierungsaufgaben und ließ dafür auch noch seine Untertanen zahlen!

Wilhelm II. – Pappkamerad der Obersten Heeresleitung?

So aggressiv und undiplomatisch der Kaiser auch häufig als sein eigener außenpolitischer Sprecher auftrat, unter seiner Herrschaft erlebten die Deutschen Wohlstand, Frieden und Weltgeltung.

Aber nun juckte ihnen – wie es im Volksmund heißt – ganz ordentlich das Fell. Die Ereignisse im Juni 1914 sind bekannt.

28. Juni 1914: Trotz vielfacher Warnungen startete das österreichische Thronfolgerpaar – Erzherzog Franz Ferdinand nebst Gattin – seine Besichtigungstour durch Sarajevo in Bosnien und wurde dort von einem Attentäter aus nächster Nähe erschossen. Wien vermutete die Drahtzieher des Attentats in Serbien, das sie nach einem Ultimatum schließlich angriffen. Immerhin hatte Österreich-Ungarn das Deutsche Reich und Italien an seiner Seite, doch hinter Serbien stand das aggressive Russland. Und hinter Russland standen Frankreich und Großbritannien. Wie bei einem großen Dominospiel wurde Land für Land in den Krieg hineingezogen.

Wie reagierte Kaiser Wilhelm auf den Vorfall, als ihn die Nachricht während der Kieler Woche auf seiner Jacht „Hohenzollern" erreichte? Zunächst war er tief betroffen, dann erzürnt: Vor gerade einmal zwei Wochen hatte er noch mit dem österreichischen Thronfolger auf dem böhmischen Jagdschloss Konopischt so manchen Zehnender erlegt. Als der deutsche Botschafter in Wien in einem Telegramm meldete, die Spur der Mörder führe in die serbische Hauptstadt Belgrad, schrieb der Kaiser als Kommentar: „Mit den Serben muss aufgeräumt werden, und zwar bald."

Und dem angereisten österreichischen Regierungschef Graf von Hoyos versicherte der Kaiser noch einmal mündlich, dass das Deutsche Reich ohne jede Einschränkung hinter Österreich-Ungarn stehe. Diese Aussage gab der Graf sofort weiter nach Wien. Österreich-Ungarn sah darin einen „Blankoscheck" für sein weiteres Vorgehen.

Am Tag darauf trat Wilhelm II. auf Drängen seiner Berater seine geliebte Nordlandreise an. Ganz wohl war ihm scheinbar nicht, denn er ließ immer wieder beim Reichskanzler Bethmann-Hollweg anfragen, ob er nicht doch zurückkommen solle. Nein, das sei nicht notwendig. Deshalb erfuhr der Kaiser erst aus einer norwegischen Zeitung, dass Österreich Serbien ein Ultimatum gestellt habe, das bei Nichterfüllung zum Krieg führen würde. Sofort gab er den Befehl, auf Heimatkurs zu gehen. Doch als er am 27. Juli in seiner Potsdamer Sommerresidenz eintraf, hatten österreichische Geschütze vom Donauufer aus die serbische Hauptstadt bereits seit 24 Stunden unter Beschuss genommen.

Wilhelm II. erkannte den Ernst der Lage und reagierte wieder einmal unerwartet. Auch wenn er ein fanatischer Uniformträger und Jäger, ein Militarist der ersten Stunde war, ein Kriegstreiber war er nicht.

Der Kaiser schrieb eine Friedensbotschaft an den englischen König, und mit seinem Vetter Zar Nikolaus II. tauschte er Telegramme aus, worin er ihn um Hilfe bat. Doch dieser fürchtete, dem Kriegsdruck nicht standhalten zu können: „Lieber Willy ... Ein unwürdiger Krieg ist an ein schwaches Land erklärt worden. Die Entrüstung in Russland ist ungeheuer.“ Woraufhin ihm Wilhelm II. antwortete: „Lieber Nicky, lass es nicht so weit kommen ...“ Er empfahl seinem Vetter abzuwarten und sich mit der Rolle des Zuschauers zu begnügen, „ohne Europa in den entsetzlichsten Krieg zu verwickeln, den es je gesehen hat.“ Hatte der Kaiser damit alles in seiner Macht Stehende getan, um den Krieg abzuwenden?

Nein, sicherlich nicht, denn seine Initiative war wieder einmal nur halbherzig – ohne Ausdauer und ohne Rückgrat. Bereits drei Tage später gab er dem deutschen Militär nach, das den Krieg wollte und deshalb den Druck auf die Regierung intensivierte. Wilhelm II. ließ am 31. Juli in Berlin den „Zustand drohender Kriegsgefahr“ verkünden. Auf die Mobilmachung am 1. August reagierte das deutsche Volk ebenso wie die Völker in anderen europäischen Ländern mit euphorischem Jubel!

Wieder einmal hatte sich Wilhelms Meinung in kürzester Zeit um 180 Grad gedreht. Ohne Not stellte er sich nun an die Spitze der Kriegstreiber mit Reden, die er vor dem Reichstag und vom Balkon des Berliner Stadtschlosses aus hielt: „In dem jetzt bevorstehenden Kampfe kenne ich in meinem Volke keine Parteien mehr. Es gibt unter uns nur noch Deutsche ..." Und den Kriegsfreiwilligen, die nun mit Sonderzügen an die Westfront gebracht wurden, rief er hinterher: „Ehe noch die Blätter fallen, seid ihr wieder zu Hause."

Um immer ganz nah an den Entscheidungen zu sein, zog Seine Majestät mit seinem Gefolge sogar ins Gebäude der Obersten Heeresleitung (OHL), die zunächst in Koblenz und später dann im belgischen Spa residierte. Doch diese räumliche Nähe verschaffte dem Kaiser keinen größeren Einfluss, er wurde im Gegenteil immer stärker isoliert. Bei Gruppen setzen sich in Krisensituationen nun einmal vor allem gute Konstitution und Charakterstärke durch. Der Kaiser wurde vollends zum Spielball der Generäle.

Generalstabschef Helmut von Moltke griff nun, wie er es auf der Militärakademie gelernt hatte, zum Schlieffen-Plan. Der sah vor, dass das deutsche Heer Frankreich in einem Blitzkrieg einnehmen sollte, indem es über die rechte Flanke vorrückte, dabei bewusst die Neutralität Belgiens verletzend. Nach einem schnellen Sieg an der Westfront, so die Theorie, wären die Kräfte frei für den Einsatz an der Ostfront gegen Russland. Doch neue Aktenfunde belegen: Selbst die Oberste Heeresleitung glaubte zu keinem Zeitpunkt an den Erfolg ihrer Blitzkriegsstrategie. Noch vier Tage vor Kriegsbeginn meinte Helmut von Moltke, dass dieser Waffengang „die Kultur fast des ganzen Europas auf Jahrzehnte hinaus vernichten wird." Trotzdem drängte die OHL zum Losschlagen, man wollte den Vorsprung Deutschlands in der Militärtechnik nutzen. Darin sieht der Berner Historiker Stig Förster zu Recht eine „verbrecherische Unverantwortlichkeit".

Die deutschen Truppen konnten zwar schnell bis zur Marne vorrücken, doch dort saßen die Soldaten dann in ihren Schützengräben fest. Das Heer verzettelte sich nicht nur an den zwei großen Fronten im Westen und Osten, sondern auch an vielen kleineren Kriegsschauplätzen in den afrikanischen, asiatischen und pazifischen Kolonien.

Da Großbritannien schnell die Seehoheit für sich entschied, schnitt es das Deutsche Reich von dem notwendigen Rohstoffnachschub ab. Im Reich wurde daraufhin nicht nur das Kriegsmaterial knapp; die gesamte Versorgung brach ein und die Bevölkerung begann zu hungern.

Währenddessen zog sich der Kaiser immer öfter von der OHL auf Schloss Wilhelmshöhe zurück, denn der zermürbende Stellungskrieg löste bei ihm regelmäßig Depressionsschübe aus. In der Obersten Heeresleitung hatten mittlerweile Hindenburg und Ludendorff, die als Befehlshaber an der Ostfront einzelne Erfolge erzielt hatten, die Führung übernommen und das Deutsche Reich ab 1916 mehr oder weniger in eine Militärdiktatur verwandelt.

Der Kaiser selbst wurde in seinen gesunden Phasen nur noch zu repräsentativen Aufgaben herangezogen. Dann verteilte er eifrig Orden an tapfere Soldaten. Öffentliche Auftritte mit Volksbeteiligung dagegen wurden eine Seltenheit. Zu prekär war die Versorgungslage im Reich. 1916/17 musste das angeschlagene Reich den sogenannten Steckrübenwinter durchstehen. Weil durch Dauerregen die Kartoffelernte fast vollständig ausgefallen war, musste diese nun notdürftig durch Steckrüben, eigentlich ein Futtermittel für Tiere, ersetzt werden. Zum Zeichen des Mitgefühls und der Solidarität sammelte die Kaiserin im Wilhelmshöher Schlossgarten höchstpersönlich das Fallobst auf.

Zwar brach im Oktober 1917 die Ostfront aufgrund der Russischen Revolution zusammen (die Deutschen hatten in voller Absicht Lenin nach Russland eingeschmuggelt). Doch bereits im April dieses Jahres hatten sich die Vereinigten Staaten entschieden, in den Krieg gegen das Deutsche Reich und seine Verbündeten einzutreten. Als sich das Ende abzeichnete, plante die Oberste Heeresleitung einen großen „Showdown“: Admiral Reinhard Scheer wollte seine Restflotte zu einem „letzten großen Kampf mit England“ auslaufen lassen. Als sich die Nachricht verbreitete, man wolle die Flotte ganz bewusst „verheizen“, meuterten in Wilhelmshaven die Matrosen. Es war der 29. Oktober 1918. Weil rund 1000 Matrosen gefangen genommen wurden, mussten die Schiffe im Hafen bleiben.

Der Kaiser war erbost: Ausgerechnet die Marine! Erst waren seine großen Flottenträume wie Seifenblasen zerplatzt, und nun ging von dort der Verrat aus. Am 3. November verweigerten auch die Matrosen in Kiel den Gehorsam. Es kam zum Aufstand und wie eine Kettenreaktion gründeten sich überall im Reich Arbeiter- und Soldatenräte, welche die kommunale Regierungsgewalt in die Hände nahmen. Der Druck – an der Front und im Inneren – nahm zu, und bald gab es nur noch einen Ausweg: Die Regierung musste zurücktreten und der Kaiser abdanken. Reichskanzler von Baden erklärte am 9. November den Thronverzicht des Kaisers und seiner Erben und übergab die Regierungsgeschäfte an den Sozialdemokraten Friedrich Ebert. Als Wilhelm II. daraufhin in der Nacht des 10. Novembers mit seinem kaiserlichen Zug vom belgischen Spa zurück ins Reich reisen wollte, gab man ihm zu verstehen, dass es besser für ihn sei, nicht mehr nach Deutschland zurückzukehren. Ziel des Zuges wurde die kleine Stadt Doorn in den Niederlanden: Hier sollte endgültig Endstation für den Reisekaiser sein.

Am 11. November unterzeichnete der Zentrumspolitiker Matthias Erzberger für das Deutsche Reich den Waffenstillstand – Seine Majestät notierte: „Das deutsche Volk ist doch eine Saubande!"

In seinem Exil gebot Wilhelm II. nur noch über ein Gutshaus mit einem riesigen Garten. Das Gutshaus war allerdings groß genug, um 59 Waggonladungen persönlicher Erinnerungsstücke und Souvenirs aufzunehmen. Obwohl der deutsche Nachfolgestaat trotz Protesten der Alliierten darauf verzichtete, den Kaiser ausliefern zu lassen und zur Rechenschaft zu ziehen, rumorte es bei ihm. In seiner Wut ließ er Hunderte von Bäumen in seiner Umgebung fällen und zerkleinern – die große Säge des Gärtners hatte einen Verlängerungsdraht, an dem Seine Majestät mitzog. Und abends notierte er in seinem Tagebuch: „Ich lasse mir jetzt nicht mehr 'reinreden"!

Ein Unbequemer war Wilhelm II. schon als amtierender Kaiser gewesen: machtbewusst, aber unberechenbar, großspurig im Auftreten, aber ohne klare Linie und Durchhaltevermögen. Ein unbequemer Zeitgenosse blieb er bis zum bitteren Ende. Selbst die Nazis wollten von einer Rückkehr zur Monarchie nichts wissen, das passte nicht so recht in die neue völkische Ordnung. So starb Wilhelm II. am 4. Juni 1941 im Alter von 82 Jahren verbittert. Ein Unbequemer bleibt der letzte Kaiser vor allem für die deutsche Geschichte. „Wilhelm war durchaus intelligent", urteilt der amerikanische Historiker Fritz Stern, „aber unerzogen und launenhaft. Er wollte alle Macht in seiner Person bündeln, sie innerhalb seines zerrissenen Selbst konzentrieren. Auf der Weltbühne trat er als lärmender und bedrohlicher Gebieter auf, während er zu Hause mit seiner absoluten Macht prahlte." So führte er als willkürlicher, aber mächtiger Monarch seine folgsamen Untertanen in den Abgrund. Erst ließ er sein Reich hochrüsten und provozierte beständig die anderen Mächte, dann widersetzte er sich kurzerhand dem aufziehenden Krieg , um sich schließlich an die Spitze der Kriegsbegeisterten zu stellen.

Wir wissen trotz eines Jahrhunderts intensiver historischer Forschung einschließlich der über 4000-seitigen Biografie von John C.G. Röhl nicht, welche Persönlichkeit sich hinter der Kaisermaske verbarg. War es „Wilhelm, der Bürgerkaiser“, „Wilhelm, der Archäologie- und Technikfreund“, „Wilhelm, der Militarist“, „Wilhelm, der Reisekaiser“ oder „Wilhelm, der Medienkaiser“, oder blieb er Zeit seines Lebens der kleine „Fritz“, der es allen zeigen wollte? Vermutlich war er all dies zusammen, die erste moderne „multiple Persönlichkeit“: heute Weltpolitiker, morgen Archäologe, Jäger oder technischer Konstrukteur; heute Friedenstaube, morgen Hassprediger; einmal ein labiler Charakter, der sich schnell wieder zurückzog, dann wieder ein großkotziger Alleskönner, dem die Welt bei seinen „Heldentaten“ zuschauen sollte.

Das Schlimme daran: Sie schaute viel zu lange zu!

Täter oder Opfer?
Der Chemiker Fritz Haber

(1868–1934)

An der Westfront bei Ypern im April 1915. Welches Gasgemisch reizt die menschlichen Schleimhäute in Rachen, Nase und Augen so, dass der gemeine Soldat seinen Befehl vergisst und in Todesangst das Weite sucht? Mit diesen Fragen befasst sich der Chemiker Fritz Haber im Ersten Weltkrieg. Pausenlos probiert er neue Reizgase an Hunden, Pferden und Menschenaffen aus. Geht ihm ein Versuch zu langsam, dann nimmt er durchaus einen Selbstversuch vor. Schließlich fällt die Wahl auf Chlorgas. Dieses Gas ist einerseits aggressiv genug und hat andererseits die richtige Dichte: Es ist schwer genug, um sich nicht zu verflüchtigen, sondern in dicken Wolken über dem Boden und in die Schützengräben hinabzuschweben, aber auch leicht genug, um vom Wind bewegt zu werden. Der Wind stellt sich alsbald schon als unkalkulierbarer Faktor heraus: Tagelang weht er in die falsche Richtung. Schließlich verliert die Oberste Heeresleitung die Geduld und setzt die bereitgehaltenen Truppen an anderen Orten ein.

Nach wochenlangem Warten ist es dann am 22. April 1915 um 18:00 Uhr endlich so weit: Auf sieben Kilometern Frontlänge werden 150 Tonnen Chlorgas ausgegeben. Doch als die Feinde verschreckt ihre Stellungen räumen, sind nicht genug Soldaten vorhanden, um die freien Areale zu besetzen.

Damit nicht genug: Nur kurze Zeit, nachdem Haber die ersten Giftgas-Aktionen durchführt, begeht seine Frau Clara daheim in Berlin Selbstmord – mit seiner Dienstpistole. Wie reagiert Haber darauf? Gar nicht. Er lenkt nicht ein, geht nicht in sich, sondern kehrt so schnell wie möglich zu seiner Arbeit an die Front zurück.

Nicht nur dieses pietätlose Verhalten im Hinblick auf seine Frau, auch die Skrupellosigkeit den gegnerischen Soldaten des Deutschen Reiches gegenüber ließen Fritz Haber zu einem unbequemen Zeitgenossen werden. Auch 75 Jahre nach seinem Tod wollen sich sein Leben und Wirken nicht in unser Wertesystem einordnen lassen.

Gesucht als einer der größten Kriegsverbrecher des Ersten Weltkrieges, wurde er zur gleichen Zeit als einer der genialsten Wissenschaftler seiner Epoche mit dem Nobelpreis ausgezeichnet.

Für die einen – vor allem Chemiker und Industrieverbände – bleibt er nicht nur wegen seines Nobelpreises der geniale Wissenschaftler, der in außerordentlicher Weise Forschung und technische Anwendung verband. Für die anderen dagegen – vor allem Pazifisten und kritische Historiker – gilt er einfach nur als „der Giftgas-Forscher".

Beide Seiten belegen ihre so unterschiedlichen Urteile in der Regel nur mit einzelnen Fakten aus Fritz Habers Leben. Tatsächlich lässt sich Haber wegen seiner führenden Rolle in der Entwicklung chemischer Industrieverfahren wie auch seiner über den Ersten Weltkrieg hinaus fortgesetzten Giftgasforschung durchaus als Täter der Deutschen Geschichte sehen. Aber genauso gut zählt der von den Nazis aus dem Amt Gescheuchte zu ihren Opfern. Das ganze Drama seines Lebens zeigt einen Mann, der als Forscher, Nationalist, Giftgas-Experte und Jude gerade in seinem Versuch, allen Anforderungen gerecht zu werden, überall aneckte – ein Unbequemer zu Lebzeiten und ein Unbequemer in der deutschen Geschichte des 20. Jahrhunderts.

Haber wurde im Breslau des wilhelminischen Deutschlands konservativ-liberal erzogen. Schon in frühester Jugend wollte er Chemiker werden. Doch erst der Dienst als „Einjährig-Freiwilliger" in der Preußischen Armee gab ihm den notwendigen Antrieb. Den Hang zum militärischen Auftreten sollte er sein ganzes Leben beibehalten, doch der ehrgeizige Fritz merkte bald: In der Armee komme ich mit meiner jüdischen Herkunft nicht weiter! Daran änderte auch die Konversion zum Katholizismus 1892 nichts.

Anders dagegen im Wissenschaftsbetrieb und später in der chemischen Industrie: Hier zählten vor allem Fleiß, Intelligenz und Forschungseifer. Wo andere Chemiker bisher versagt hatten, da drängte Haber zum Erfolg: Karriere war ihm wichtiger als Moral und freie Zeit.

Zu den vordringlichsten Aufgaben des Deutschen Reiches gehörte damals die Steigerung der landwirtschaftlichen Produktion. Der dazu nötige zusätzliche Dünger – vor allem Salpeter – musste aus Übersee eingeführt werden. Die Idee, den in der Luft reichlich vorhandenen Stickstoff für die Düngerproduktion zu nutzen, war indessen nicht neu. Nur hatte sich der flüchtige Stickstoff bis dahin nicht in gewünschter Weise binden lassen. Erst Haber besaß das nötige Wissen, die geistige Unvoreingenommenheit und das Durchhaltevermögen, um eine geeignete Methode zu entwickeln. Seine Philosophie lautete: Die Natur will nicht beschworen, sondern bearbeitet werden – mit Wissen, präzisen Methoden und viel Energie. Und Haber fand heraus: Damit aus drei Wasserstoffmolekülen (3 H_2) und einem Stickstoffmolekül (N_2) zwei Ammoniakmoleküle (2 NH_2) werden, ist gewaltiger Druck nötig. Ein Zuviel an Wärme – die eigentlich jede Reaktion beschleunigt – schadet jedoch. Es sei denn, das Element Osmium dient als Katalysator. Die notwendige Apparatur, um nicht nur mit einer kleinen Menge, sondern mit strömendem Gas verfahren zu können, musste Haber erst gemeinsam mit seinen Assistenten entwickeln. 1904 gelang es ihnen, Wasserstoff und Stickstoff in ausreichender Menge zusammenzuführen, ja zusammenzuzwingen. Der Erfinder Carl Bosch wurde beauftragt, die Apparatur auf industriellen Maßstab zu vergrößern. Das nach ihnen benannte „Haber-Bosch-Verfahren" kostete viel Energie, doch den Bedarf konnte das Deutsche Reich mühelos aus seiner Steinkohle decken.

1906 ernannte die Technische Hochschule in Karlsruhe Haber zum Professor, 1910 beauftragte ihn das Kultusministerium mit dem Aufbau des Kaiser-Wilhelm-Instituts für Physikalische Chemie und Elektrochemie in Berlin-Dahlem.

Eine Zeit lang sah es so aus, als sollte Haber den bequemen Weg einschlagen. Neben seinem militärischen Auftritt hatte er nämlich auch eine recht gesellige Art, die ihn bei seinen Kollegen und Studenten beliebt machte. Als Wissenschaftler und Institutsleiter wurde er zur Leitfigur innovativer Großforschung: Er organisierte die nötige Infrastruktur, warb die richtigen Leute an – auch außerhalb seines eigenen Fachgebietes – und stieß damit interdisziplinäres Arbeiten an. Doch dann brach der Erste Weltkrieg aus.

Mit Leib und Seele dem Vaterland dienen

Bei Ausbruch des Krieges im August 1914 meldete sich Haber sofort als Freiwilliger, musste sich aber wegen seines hohen Alters – er war mittlerweile 46 Jahre alt – zunächst abweisen lassen.

Stattdessen wurde er Anfang Oktober zum Leiter der Chemieabteilung der Kriegsrohstoffbehörde ernannt. Seine erste Aufgabe war die Bereitstellung von Salpeter für die Munitionsproduktion. Da Großbritannien schnell die Seehoheit für sich entschieden hatte, wurde das Deutsche Reich schon bald von dem wichtigen Rohstoffnachschub abgeschnitten. Zuerst wurde nur das Kriegsmaterial knapp, später brach auch die Nahrungsmittelversorgung ein.

In Zusammenarbeit mit den Unternehmen Carl Bosch und der BASF gelang es Haber, synthetisches Salpeter über den Weg der Ammoniaksynthese zu gewinnen. Wieder hatte er die Elemente überlistet.

Die Taktik der Obersten Heeresleitung indessen, Frankreich im Sturm zu erobern und dann im Osten gegen Russland zu marschieren, ging nicht auf. Nach anfänglichen Erfolgen saßen die Soldaten schon bald in Höhe der Marne in ihren Schützengräben fest. Der Stellungskrieg wurde zu einer erbarmungslosen „Materialschlacht“: Tagelang feuerte die Artillerie auf die gegnerischen Stellungen, dann wurden bedenkenlos ganze Kompanien von Soldaten verheizt, um die Front einige Meter vorzuverlagern. Doch häufig eroberte die Gegenseite unter gleich hohem Aufwand diese Meter am Folgetag wieder zurück.

Haber wollte seinen Beitrag zum vaterländischen Kampf leisten – einen wissenschaftlichen Beitrag, eine technische Innovation.

Doch davon musste er die Militärgeneräle mit ihren traditionellen Wertvorstellungen erst einmal überzeugen. Nur unter Vorbehalt wurde er zum Hauptmann befördert, und deshalb wollte er sich beweisen – um jeden Preis.

Deshalb schlug Haber bereits Ende 1914 den Einsatz von Chlorgas an der Front vor, denn diesen Stoff konnte die deutsche Chemieindustrie in großen Mengen herstellen.

Doch die OHL reagierte zögerlich. Hans Tappen, der die Granaten entwickelte, mit denen das erste Giftgas verschossen werden sollte, notierte ganz offen, dass Haber sich mit seinem Projekt des Gasabblasens unbeliebt machte: „Dieses Gasblaseverfahren hat Haber in seiner Bewertung – besonders bei der Generalität – sehr geschadet ... Man nahm die Sache sehr übel. Jedenfalls sind mir sehr abfällige Äußerungen über Haber zu Ohren gekommen. Man fand die Gasgeschichte scheußlich."

Mangels erfolgsversprechender Alternativen stimmte das Militär schließlich zu, und Haber sicherte sich zur Realisierung des Projekts die Zusammenarbeit hervorragender und später bekannter Wissenschaftler wie zum Beispiel Otto Hahn, James Franck und Hans Geiger. Da der Sprengstoff zur Neige ging, wurde der Plan aufgegeben, das Gas, abgefüllt in Granaten, in die feindlichen Linien zu verschießen. Stattdessen entwickelte Haber die Taktik des Chlorgasabblasens und konstruierte die dafür nötigen Gerätschaften. Auch die Experimente führte er durch und überwachte den ersten Einsatz persönlich.

„Haber", urteilt sein Biograf Dietrich Stoltzenberg, „war besessen von der selbstgestellten Aufgabe. Alles andere in seinem Leben trat in den Hintergrund. Frau und Familie hatten nun fast keinen Einfluss mehr auf sein Leben." Im Gegenteil, er versuchte alle – besonders seine Familie, Freunde und Bekannte – für die chemische Kriegsführung einzuspannen. Nur seine Frau Clara Immerwahr – die ebenfalls promovierte Chemikerin war und ihre Karriere der Familie geopfert hatte – spielte da nicht mit!

Obwohl Haber am Ende über eine große Organisation mit 150 Wissenschaftlern und 1300 Soldaten verfügte, überwachte er immer noch alle Vorgänge persönlich. „Es ist keine Frage, dass Fritz Haber der eigentliche Initiator und Organisator des chemischen Krieges in Deutschland war", urteilt Stoltzenberg.

Die Kriegsbegeisterung der Menschen allgemein und Habers „kompromisslose patriotische Pflichterfüllung" liefern aber noch keine hinreichende Erklärung für sein Handeln. Zumal es auch Menschen in Habers unmittelbarer Umgebung gab, die sich dem Kriegstaumel entzogen: Der von Haber hoch geschätzte Albert Einstein bekannte sich zum Pazifismus, der Chemikerkollege Hermann Staudinger mahnte an die Verantwortung des Technikers.

Selbst als Habers Frau Clara Selbstmord beging, kehrte er fast sogleich an die Front zurück. Über seine Beweggründe schreibt er an den väterlichen Freund Carl Engler: „ ... Sie hat das Leben nicht mehr ertragen und ist an dem Tage, an dem ich nach Galizien ins Feld rücken musste, morgens früh aus dem Leben gegangen. Ich habe einen Monat lang schier verzweifelt, dass ich es durchhalten würde. Jetzt hat mich der Krieg mit seinen grausamen Bildern und seiner unablässigen Anforderung an alle meine Kräfte ruhiger gemacht ... Nur das Gefühl der Angst lebt in mir, dass ich nicht aushalte und die Riesenlast nicht trage ... Die Verantwortung ist das Fürchterlichste, das Bewusstsein, dass ein versäumter Tag, eine verspätete Verfügung Blut kostet ..." Das Leben der deutschen Soldaten schien ihn mehr zu berühren als das Schicksal seiner Frau – was sagt das über den Menschen Fritz Haber?

Und was muss Haber über die Ironie der ganzen Geschichte gedacht haben? Denn die Oberste Heeresleitung (OHL) nutzte den Vorteil, den der Giftgaseinsatz brachte, nicht aus. Nachdem das Windproblem gelöst war, standen keine Soldatenkontingente auf Abruf bereit. Ein alliierter General bestätigte später: Mit einer entsprechenden Strategie hätte der Gaseinsatz den Sieg an dieser Front bringen können!

Dr. Nobelpreisträger und Mr. Kriegsverbrecher

Historiker, darunter auch der sonst so sensible Fritz Stern, rechtfertigen Habers Verhalten mit den Argumenten, er sei wie alle anderen von einem Ausbruch tiefen Patriotismus erfüllt worden, von „Sehnsucht nach Opfer, Gemeinschaft, Befreiung, Erlösung." Außerdem sei das Giftgas dafür entwickelt worden, die Soldaten aus ihren Stellungen zu treiben oder sie kampfunfähig zu machen – also Leben zu retten. Und falls das nicht überzeugt: Jede Waffe sei schließlich dafür da, zu töten.

Doch Giftgas ist anders, es ist eine grausame Waffe. Haber, der unter Einsatz seiner Gesundheit die Testreihen mit den verschiedenen Gasen und die Tierversuche persönlich durchführte, hat die Verätzungen und

Erstickungsanfälle der einzelnen Gasarten genau registriert und gegeneinander abgewogen.

Andere Menschen reagierten mitfühlender – so Otto Hahn, der zum Pionierregiment der Gasangriffe an die Ostfront beordert war. Er meldete Bedenken an: Das Verfahren sei gegen das Völkerrecht. Doch seine Bedenken wurden beiseitegeschoben. Und über seinen Fronteinsatz berichtet er: „Erst haben wir die russischen Soldaten mit unserem Gas angegriffen, und als wir dann die armen Kerle liegen und langsam sterben sahen, haben wir ihnen mit unseren Selbstrettern das Atmen erleichtert. Da wurde uns die ganze Unsinnigkeit des Krieges bewusst."

Anfangs hatten sich die alliierten Gegner geweigert, diese heimtückische Waffe ebenfalls zu entwickeln und einzusetzen, dann jedoch entstand ein regelrechtes Wettrüsten. Als Briten und Franzosen mit Gas „zurückschossen", entwickelte Habers Team eine schützende Gasmaske mit einem Kohlefilter. Als sich auch die Gegenseite mit Gasmasken vor den chemischen Angriffen schützte, schlug Haber der OHL 1916 die tödliche Taktik des „Buntschießens" vor, wie sein Biograf Stoltzenberg ausführt: „Der Gegner sollte erst mit diesen ‚maskenbrechenden' Kampfstoffen (Arsenverbindungen, die den Filter der Gasmasken durchdringen konnten W. K.) beschossen und dann der Einwirkung tödlich wirkender Kampfstoffe ausgesetzt werden." Und so kam es schließlich, dass die deutsche Artillerie im Juli 1917 neue, von Haber entwickelte Waffen auf die Feinde abfeuerte – sogenannte Gelbkreuzgranaten. Sie enthielten Senfgas, das weder zu sehen noch zu riechen war. Die Soldaten konnten die Gefahr nicht erkennen, um rechtzeitig ihre Gasmasken aufzusetzen. Hohe Verluste waren die Folge! Da ist kein Platz mehr für Schönfärberei, dass der Gaseinsatz nur darauf abzielte, die Gegner aus ihren Stellungen zu vertreiben oder sie kampfunfähig zu machen.

Auch nach dem Ende des Krieges bereute Fritz Haber sein Engagement nicht, im Gegenteil – er sah sich darin bestätigt, dass es sich um eine humane Art der Kriegsführung handelte: Zwar wurden rund 90 000 Menschen durch das Giftgas getötet und rund eine Million verletzt – doch das sind im Angesicht von zehn Millionen Toten und 25 Millionen verletzten Soldaten nur geringe 0,9 beziehungsweise 4 Prozent.

„Die Gaskampfmittel sind ganz und gar nicht grausamer als die fliegenden Eisenteile", resümierte er in einem Vortrag vor Offizieren des Reichswehrministeriums am 11. November 1920. „Aus sachlichen Gründen wird man unter diesen Umständen zu einem Verbot des Gaskrieges nicht leicht gelangen." Deshalb verstand er überhaupt nicht, warum man ihn nach der Kapitulation des Deutschen Reiches auf die Liste der Hauptkriegsverbrecher setzte. Er versteckte sich in der Schweiz und kehrte erst nach Deutschland zurück, als er – auf Intervention der neuen deutschen Regierung – von dieser Liste gestrichen wurde. Vor dem Untersuchungsausschuss des Reichstages gab er sich ebenfalls selbstbewusst: Weder hätten die Einsätze des Giftgases eine Verletzung des Völkerrechts noch eine Inhumanität dargestellt. Zudem habe Frankreich mit Giftgas begonnen, nicht Deutschland. Den Panzer der Schutzbehauptungen, mit dem er sich umgab, rechtfertigte er in Briefen politisch. Es gelte, angesichts des Friedensdiktats von Versailles, Schaden vom Land abzuwenden. Die Geschichte, so scheint es, belohnte seine Rechtfertigungsstrategie – zumindest vorübergehend: 1920 verlieh ihm die Schwedische Akademie – rückwirkend für das Jahr 1918 – den Nobelpreis für sein Verfahren der Stickstoffgewinnung. Von seinem Kriegseinsatz war keine Rede mehr, und in Frankreich und England schlugen die Wogen der Empörung hoch.

Gold aus dem Meer

Kaum hatte Haber den Nobelpreis erhalten, kaum war er von der Liste der Kriegsverbrecher gestrichen worden, verstieß er doch sogleich mehrfach mit wissenschaftlichen Geheimprojekten gegen die Auflagen der Alliierten. Und das, weil er die Möglichkeit sah, durch Gewinnung des Goldes aus dem Meer das Joch der Kriegsschulden vom Vaterland abzuschütteln. Wie gewohnt ging Haber mit strenger Disziplin und ungeheurer Energie ans Werk: Hatte er schon Stickstoff aus der Luft gewonnen, warum sollte er dann nicht dem Meerwasser Gold entlocken?

Mit der Ankündigung dieses Vorhabens überraschte Haber 1920 seine Mitarbeiter am Kaiser-Wilhelm-Institut für Physikalische Chemie. Denn damit trat er in die Fußstapfen der Alchemisten: nicht Gold herstellen, sondern es profitabel gewinnen! Über 300 Patente für die Goldgewinnung wurden im Laufe des 20. Jahrhunderts angemeldet. Haber konnte auf neun Messungen aus jüngster Zeit zurückgreifen, die zu belegen schienen, dass sich mehr als zehn Milligramm Goldsubstanz in einem Kubikmeter Wasser befindet.

Als Mitte Juli 1923 das Passagierschiff „Hansa" am Hamburger Hafen ablegte, um zu einer scheinbar gewöhnlichen Linienfahrt nach New York aufzubrechen, befand sich neben den knapp 1000 Passagieren auch ein Geheimprojekt an Bord. Heimlich waren eine Apparatur aus Röhren und Pumpen sowie ein mobiles Chemielabor eingeschifft worden. Weil der Kriegsverlierer Deutschland noch immer von den Alliierten kontrolliert wurde, tarnte sich das Laborpersonal als Besatzung: Kellner, Tellerwäscher, Zahlmeisterassistenten.

Doch kaum hatte der Ozeandampfer das offene Meer erreicht, gluckerte es in den Rohren, die für alle sichtbar über die äußere Bordwand hinab im Wasser hingen. Unter den Passagieren kamen Gerüchte auf, und bei der Ankunft in New York schrieb eine Zeitung: „German scientists see way to drive ships by using mysterious force."

Die Arbeiten schienen Haber zunächst zu bestätigen: fünf Milligramm Gold pro Tonne Meerwasser, so das Ergebnis. Eine industrielle Gewinnung schien ökonomisch; die Industrie investierte in weitere Forschungsarbeiten. Doch dann musste Haber erkennen, dass die Messungen verunreinigt wurden.

Schon der Goldring am Finger eines Assistenten konnte das Untersuchungsergebnis erheblich nach oben manipulieren. Nachdem Haber diese Störfaktoren ausgeschaltet hatte, war der Ertrag nur noch bescheiden. Es war bestenfalls ein halbes, oft aber nur ein Tausendstel Milligramm. Doch Fritz Haber war nicht der Typ, der sich mit Niederlagen abfand. Zwar beendete er 1927 das Projekt „Gold aus Meerwasser", wandte sich jedoch sogleich dem klassischen Traum der Alchemie zu: der Gewinnung von Gold aus Quecksilber. Hatte er doch einige erstaunliche Analysen in die Hände bekommen...

Zur gleichen Zeit hatte Haber außerdem an geheimen Giftgasprojekten weitergearbeitet, obwohl der Versailler Friedensvertrag ausdrücklich die Herstellung und Lagerung von chemischen Kampfstoffen verbot. Der alliierten Kontrollkommission täuschte er Zusammenarbeit vor, gleichzeitig suchte er in Absprache mit der Reichswehr nach Wegen, das Wissen über den Gaskrieg zu bewahren und weiterzuentwickeln. Als die verbliebenen Kampfstoffe unter Aufsicht der Alliierten vernichtet oder in harmlose Substanzen umgewandelt wurden, sicherten Habers Leute die umfangreichen Forschungsunterlagen. Nach vielen Geheimverhandlungen gelang es schließlich, die Produktion auszulagern – nach Spanien und später auch in die Sowjetunion. 1924 begann man sogar eine Anlage in der Nähe von Bitterfeld aufzubauen, während Haber von 1923 bis 1926 Forschungen zum Giftgas an seinem Institut durchführen ließ. „Er hat sowohl vor allem in den Jahren 1919 bis 1926 aktiv als auch später passiv an diesen geheimen Aktionen teilgenommen und immer von den Vorgängen Kenntnis gehabt", urteilt sein Biograf Dietrich Stolzenberg.

Einige Jahre als erfolgreicher und anerkannter Wissenschaftler sollten ihm noch bleiben, dann wurde Haber endgültig zu einem Unbequemen – ganz ohne eigenes Zutun.

„Ich kämpfe mit sinkender Kraft gegen meine vier Feinde"

Anders als Dr. Jekyll und Mr. Hyde ging Haber nicht an der zerstörerischen Polarität in seiner Persönlichkeit zugrunde. Die Gefahr kam von außen – ausgerechnet von seinem so geliebten Vaterland.

Der neue Reichskanzler Adolf Hitler ließ – anders als von breiten Schichten in Industrie und Politik erwartet – nicht von seinen extremen Ansichten ab. Nachdem er die Kommunisten, Sozialdemokraten und Gewerkschaften ausgeschaltet hatte, zog er seine antisemitischen Pläne aus der Schublade – Maßnahmen, die er schon in „Mein Kampf" angekündigt hatte.

Haber fühlte sich als Leiter eines Kaiser-Wilhelm-Instituts mit Nobelpreis, als zum Katholizismus Konvertierter und Kriegsveteran relativ sicher. Doch er sollte sich täuschen, sein wissenschaftliches und persönliches Streben wurden alsbald jäh durchkreuzt. Denn für die Nazis war Fritz Haber nicht der ehrgeizig-erfolgreiche Wissenschaftler und selbstlose Patriot, sondern nur: Jude!

Und gerade der hohe Anteil jüdischer Wissenschaftler an den deutschen Universitäten störte die arisch Gesinnten. Vorreiter dieser Strömung wurde der Nationalsozialist und Physiker Phillip Lenard. In Theorien wie der Relativitätstheorie sah er „jüdische Entartung" und verlangte die Etablierung „deutscher" Wissenschaft: „Naturwissenschaft, die zu Recht diesen Namen verdient, ist voll und ganz arischen Ursprungs. Heil Hitler!" Das war zwar vor allem gegen Lenards Konkurrent Albert Einstein gerichtet, der Angriff wurde jedoch auf alle Wissenschaftsdisziplinen ausgeweitet.

Das Fundament zur arischen Wissenschaft lieferte Anfang des 20. Jahrhunderts der Wiener Ingenieur Hanns Hörbiger mit seiner Welteislehre. Basierend auf der „Entdeckung", dass der Mond stellenweise mit Eis bedeckt sei, formulierte er seine „Glazial-Kosmogonie", die in den dreißiger Jahren Millionen Menschen in den Bann zog. Die Theorie besagte, dass im Weltall feiner Eisstaub treibe, es sich bei den Sternen der Milchstraße um gewaltige Eiskugeln handele und alle Himmelskörper von Eis überzogen seien – mit Ausnahme der Sonne und der Erde. Auf unserem Planeten spiele sich der kosmische Kampf zwischen Feuer und Eis ab. Planeten, die der Erde nahe kämen, lösten gewaltige Katastrophen wie die letzte Eiszeit aus. Vor dieser Kälteperiode hätten für Jahrtausende Riesen in der warmen Arktis gelebt, deren Nachfahren die Arier seien.

Am 7. April 1933 wurde das neutral klingende „Gesetz zur Wiederherstellung des Berufsbeamtentums" erlassen. Es zielte darauf ab, politische Gegner des künftigen NS-Staates und Beamte ohne entsprechende Ausbildung – „Parteibuchbeamte" – aus Wissenschaft und Verwaltung zu drängen. Vor allem jedoch sollten „Beamte nichtarischer Abstammung" aus dem Dienst entfernt werden. Als nichtarisch galt man bereits, wenn nur einer der vier Großeltern „jüdisch" war. Alleiniges Kriterium, weil es als einziges überprüft werden konnte, galt dabei die Religionszugehörigkeit. Für den Nachweis mussten die Beamten Geburts- oder Taufurkunden der Familie vorlegen – und eventuell Militärpapiere. Denn Reichstagspräsident Paul von Hindenburg hatte von Reichskanzler Adolf Hitler eine Ausnahmeregelung für ehemalige Frontkämpfer eingefordert – nach Schätzungen waren davon immerhin die Hälfte der rund 5000 jüdischen Beamten betroffen.

Auch Haber selbst fiel als Frontsoldat nicht unter die Entlassungsmaßnahmen, aber fast alle seiner jüngeren jüdischen Mitarbeiter. Dieses Mal trat er nicht selbstlos für das Vaterland ein, sondern für sein Institut. Denn dieses wurde als angebliche „Brutstätte jüdischen Geistes“ zur Zielscheibe der antisemitischen Propaganda.

Um Zeit zu gewinnen und Stellen für seine jüdischen Mitarbeiter im Ausland zu finden, nahm er die Umsetzung der Vorschriften an seinem Institut selbst in die Hand. Im Frühsommer jedoch machte ihm das Preußische Kultusministerium klar, dass die Weiterführung des Instituts mit dem bisherigen Personal nach dem Sommer untragbar sei.

Daraufhin reichte Haber seinen Rücktritt ein. Einige, darunter auch der Leiter der Kaiser-Wilhelm-Gesellschaft Max Planck, versuchten ihn umzustimmen, aber eine langfristige Perspektive konnten auch sie ihm nicht versprechen. Wissenschaftler anderer Disziplinen standen ebenfalls weiter zu ihm, doch von offizieller Seite, vor allem vonseiten der chemischen Industrie, die ihm entscheidende technische Innovationen verdankte, richtete niemand auch nur ein Abschiedswort an ihn.

Im August 1933 verließ Haber das Deutsche Reich, sein privates Leben ohnehin in Trümmern. Gesundheitlich und finanziell war er angeschlagen, seine zweite Ehe gescheitert und seine Ideale unter Beschuss. Dennoch wurde Haber, von den eigenen Leuten verstoßen, im Ausland gastlich empfangen. „Ich kämpfe mit sinkender Kraft gegen meine vier Feinde, die Schlaflosigkeit, die wirtschaftlichen Ansprüche meiner geschiedenen Frau, die mangelnde Ruhe gegenüber der Zukunft und das Gefühl der schweren Fehler in meinem Leben“, schrieb er an einen jüdischen Freund. Aber was genau sah er als die „schweren Fehler seines Lebens“ an?

Der Einsatz des Giftgases war es nicht, sondern vor allem seine Abkehr vom Judentum, die er lange gegenüber seinen jüdischen Freunden verteidigt hatte – diese Überzeugung geriet nun ins Wanken.

Haber hatte seine Herkunft und sein Gewissen – auch das des Wissenschaftlers – dem Ziel geopfert, seinem Vaterland selbstlos, ja besessen zu dienen. Doch am Ende wurde ihm sein eigenes Lebenswerk unbequem. „Ich bin so bitter wie nie zuvor“, schrieb er an seinen Freund Willstätter. „Ich bin in einem Maße deutsch gewesen, dass ich es erst jetzt voll empfinde, und ich fühle eine unerhörte Widerwärtigkeit darin, dass ich nicht mehr genug arbeiten kann, um mich eines neuen Amtes in einem anderen Lande zu getrauen ..."

In Cambridge fand sich schließlich eine unbezahlte Stelle für ihn, während Freunde für seinen Lebensunterhalt aufkamen. Derweil lieferten sich Anwälte mit deutschen Behörden wahre Briefschlachten, denn auf den Transfer deutscher Vermögen ins Ausland konnten immense „Reichsfluchtsteuern" aufgeschlagen werden. Haber dachte sogar daran, dem Ruf Chaim Weizmanns zu folgen und nach Palästina zu gehen. „Ich war in meinem ganzen Leben nie so jüdisch wie jetzt", schrieb er im Sommer 1933 an seinen Freund Einstein. Im Jahr darauf befand sich Haber auf der Durchreise in Basel, als er plötzlich starb – nur durch den Rhein von seinem geschätzten Vaterland getrennt.

Kann man die Person Fritz Haber einfach auf das Etikett „Giftgas-Haber" reduzieren? Nein, man kann ihn nicht als absolut skrupellosen Forscher in die Ecke von Mengele und Co. stellen. Das wäre zu einfach. Denn Haber steht auch für einen neuen Wissenschaftlertyp, der die deutsche Forschung zur Weltklasse geführt hat. Kann man jedoch – wie es seine Biografen tun – Habers wissenschaftliche Leistung von seiner Unmenschlichkeit gänzlich trennen? Nein, man muss beides aufeinander beziehen.

Der intelligente, umgängliche Wissenschaftler, der den unbedingten Erfolg wollte – gepaart mit dem Untertan, der aus selbstloser Vaterlandsliebe sogar seine eigenen Wurzeln verleugnet, – diese Psychodynamik scheint aus Dr. Haber einen Mr. Hyde gemacht zu haben. Nicht immer – aber in den entscheidenden Momenten seines Lebens. Er war der Erste, doch nicht der Letzte, der sich im faustischen Streben aufrieb. Nach ihm schufen deutsche Wissenschaftler die Grundlagen für die Atombombe und deutsche Ärzte führten in Konzentrationslagern grausamste Experimente an lebenden Gefangenen durch. Und der faustische Pakt ging weiter...

Natürlich sind wir heute bei der Bewertung vorbelastet. Wir sehen das Giftgas durch die Brille des Holocaust – dem Versuch der Nazis, das Volk, dem Fritz Haber angehörte, zu vernichten. Dabei wurden zahlreiche Verwandte von Haber unter anderem mit „Zyklon B" vergast, das im Wesentlichen von ihm mitentwickelt worden war.

Eigentlich jedoch sollte Wissenschaft dem Menschen dienen: dem Erkenntnisgewinn und der allgemeinen Wohlfahrt. Wieso kann die Wissenschaft dann auf ihrem Weg dorthin diese Ziele aus den Augen verlieren, sie offensichtlich verraten und ins Gegenteil verkehren?

An den Weggabelungen lassen sich am ehesten Navigationsfehler erkennen: Fritz Habers Entscheidung für den Gaskrieg etwa stellt so eine frühe Weggabelung dar. Für uns ist Haber deshalb noch heute ein Unbequemer, weil es uns schwerfällt, die Facetten seiner Persönlichkeit zusammenzubringen. In der Literatur sind wir da schon weiter: Dr. Jekyll und Mr. Hyde sind nicht zwei verschiedene Personen, sondern zwei Seiten der gleichen Persönlichkeit. Dr. Jekylls Erkenntnisstreben, seine Bereitschaft zum riskanten Selbstversuch, lockt nicht nur seine böse, archaische Seite hervor, sie ist bereits Teil davon.

Übertragen auf die Wissenschaft heißt das: Liegt es an den Menschen, dass sie die Wissenschaften für falsche Ziele einsetzen? Oder liegt es an der Methodik der Wissenschaften, dass sie Dinge auseinanderreißt, um sie zu erkennen? Und sie dann wieder in Formen aneinanderfügt, die so in der Natur aus gutem Grund nicht vorkommen?

Fritz Haber war sicherlich der Meister im Auseinanderreißen. Er entriss der Atmosphäre den Stickstoff, er wollte dem Meerwasser das Gold entreißen.

Bei der Frage nach dem zerstörerischen Potenzial der Wissenschaften und dessen Ursachen kommen wir nicht an Haber vorbei.

Held oder Verräter? Mitarbeiter im Auswärtigen Amt: Fritz Kolbe

(1900–1971)

September 1939. Bei Kriegsbeginn muss auch der deutsche Vizekonsul Fritz Kolbe Südafrika verlassen und in die Heimat zurückkehren. Seinen Sohn lässt der junge Witwer in der Obhut von Adoptiveltern zurück, denn er will in Berlin ungebunden bleiben und sich alle Optionen offenhalten. Zeitweise lebt er wie ein Nomade bei Bekannten, seine Adresse gibt er nur an Freunde weiter.

Schon gibt es Warnungen im Auswärtigen Amt (AA), Kolbe sei nicht hundertprozentig zuverlässig – nicht zuletzt, weil er nicht in der Partei ist. Zum wiederholten Mal will man ihn deshalb zum Eintritt in die Partei bewegen, als Belohnung winkt eine Stelle in Norwegen, wo er ein bequemes Leben führen könnte.

Kolbe bleibt standhaft, bedient aber nach außen das Bild des ordentlichen „preußischen Beamten“: Schnelligkeit, Präzision, Diskretion.

1940 dann fängt er in seiner Freizeit an, Flugblätter zu verfassen, die er in Kaufhäusern und großen Firmen auslegt. Auf ihnen steht zum Beispiel: „Was ist Pessimismus? Den Krieg gewinnen und die Nazis behalten. Was ist Optimismus? Den Krieg verlieren und die Nazis davonjagen.“ Das reicht ihm jedoch nicht: Er will mehr tun oder das Land verlassen.

Einige Monate später schlägt seine Schicksalsstunde: Trotz fehlender Parteimitgliedschaft genießt er den Ruf eines zuverlässigen Beamten und wird Mitarbeiter des „Botschafters zur besonderen Verwendung“ Karl Ritter.

Im Vorzimmer des Verbindungsmanns zwischen Auswärtigem Amt und dem Oberkommando der Wehrmacht (OKW) wertet Kolbe nun die Korrespondenz aus: Hunderte von Telegrammen aus allen deutschen diplomatischen Vertretungen – darunter viele „streng geheim" – muss er daraufhin prüfen, ob sie wichtig genug sind, um Ritter vorgelegt zu werden. Danach vernichtet er sie – oder eben auch nicht.

Hellsichtig erkannte Kolbe in diesem Moment: Das NS-Regime war nur von außen zu stürzen. Und alles, was über seinen Schreibtisch wanderte, konnte dabei von ausschlaggebender Bedeutung sein, zumal wenn es in die Hände der Briten oder Amerikaner gelangte...

Aber genau diese mutige Entscheidung machte Fritz Kolbe über die NS-Zeit hinaus zu einem Unbequemen. Für seine Kollegen vom Auswärtigen Amt etwa war er nach 1945 ein Verräter. Man verstellte ihm jede Möglichkeit, in der Bundesrepublik seine Beamtenlaufbahn fortzuführen.

Selbst seine Lebenstat wäre beinahe unwiederbringlich im Treibsand der Geschichte versunken, verdrängt von der Legende des Auswärtigen Amtes als Hort des Widerstandes, an der Amtsführung und Mitarbeiter Jahrzehnte festhielten.

Erst rund 50 Jahre nach Kriegsende begann diese Fassade zu bröckeln, und das kam so: Im Jahr 1998 verabschiedete der US-amerikanische Kongress unter der Präsidentschaft Bill Clintons den „Nazi War Crime Disclosure Act" – ein Gesetz, das bis dahin als geheim eingestufte Dokumente aus der Zeit des Zweiten Weltkriegs neu bewertete. Daraufhin wurden im Juni 2000 Akten und Unterlagen des „Office of Strategic Services" (OSS – Vorläufer der CIA) zur Einsicht freigegeben. Darunter befanden sich auch 1600 diplomatische Telegramme aus dem Deutschen Reich, die als streng geheim eingestuft worden waren. Ein gewisser Fritz Kolbe, der unter dem Decknamen „George Wood" geführt wurde, hatte diese wichtige NS-Korrespondenz zwischen 1943 und 1945 an die Amerikaner weitergeleitet.

Vor dem Hintergrund dieser Quellen berichteten die beiden *Spiegel*-Journalisten Axel Frohn und Hans Michael Kloth als erste Deutsche über den bis dahin weitgehend unbekannten Widerständler. Im September 2001 erschien ihr Artikel unter dem schlichten Titel „Der Bote aus Berlin". Die Resonanz auf diesen Beitrag war zunächst verhalten, doch der

Deutschland-Korrespondent der französischen Zeitung *Le Monde*, Lucas Delattre, wurde neugierig, nahm den Faden auf und begann zu recherchieren. 2003 erschien in Frankreich sein Buch „Fritz Kolbe – Un espion au coeur du IIIe Reich". Und dieses Mal sollte es nicht gelingen, den unbequemen Kolbe einfach zu verdrängen.

Wer war dieser Unbequeme, was macht das Geheimnis seines Wirkens aus?

Fritz Kolbe kam aus einfachen Verhältnissen: Er wurde am 25. September 1900 in Berlin-Luisenstadt als Sohn eines Sattlermeisters geboren. Der Vater war überzeugter Sozialdemokrat und gab dem Sohn als Lebensmotto mit auf den Weg: Fürchte dich vor nichts und niemandem.

Liegt Kolbes Geheimnis in seiner guten Konstitution? Schon als Jugendlicher mied er Nikotin und Alkohol, stattdessen suchte er die Herausforderung beim Sport, beim Schwimmen, Turnen, Laufen oder Wandern.

Mit 14 Jahren trat er in die Wandervogelbewegung ein – genau in dem Jahr, in dem fast die ganze Welt in den großen Krieg zog. Kolbe genoss das Glück der späten Geburt. „Während des Krieges lernte er nicht die Schützengräben kennen, sondern durchstreifte die Wälder und schlief in Heuschobern", berichtet sein Biograf. Im Sommer 1918 wurde er zwar noch eingezogen, ins III. Pionierbataillon von Rauch, doch seine Einheit kam nicht mehr bis zur Front. Die brach im November durch den Aufstand der Matrosen und Soldaten zusammen.

Und so wurde Kolbe nicht wie die meisten seiner Generation durch Schützengräben, Artilleriebeschuss und Gaseinsatz zermürbt und gebrochen. Stattdessen konnten sich bei ihm die Werte entfalten, die ihm sein Vater vermittelt hatte: kein blinder Gehorsam, Freiheitsliebe und Sich-selbst-treu-Bleiben. Seine Lieblingslektüre: Michael Kohlhaas von Heinrich von Kleist. Ab Januar 1919 begann er eine Ausbildung bei der Deutschen Reichsbahn und war 1922 kurz als „Oberbahnhofs-Güter- und Kassenvorsteher" tätig.

Doch er wollte weiterkommen, am liebsten in die höhere Beamtenlaufbahn – auch dies ein Ratschlag seines Vaters, der als selbstständiger Handwerker Konkurs ging und sich, mit hohen Schulden belastet, in einer Fabrik verdingen musste. Über Abendkurse erreichte Kolbe schließlich das Abitur, studierte Volkswirtschaft und qualifizierte sich im Frühjahr 1925 für die mittlere Beamtenlaufbahn im Auswärtigen Dienst.

Parteieintritt? Nein danke!

Als es im Jahre 1933 zur Machtergreifung der Nationalsozialisten kam, änderte das zunächst wenig am Leben von Fritz Kolbe. Es ging ihm gut, er wurde zum Konsulatssekretär Erster Klasse ernannt und 1935 ins lebensfrohe Madrid versetzt. Dorthin folgten ihm auch seine Frau Anita mit dem gemeinsamen dreijährigen Sohn. In die NSDAP wollte er nicht eintreten.

In Madrid machte Kolbe dafür die Bekanntschaft des deutsch-jüdischen Geschäftsmannes Ernst Kocherthaler. Mit ihm teilte er die Liebe zur Natur und zur Dichtung, aber auch den wachsenden Unmut über die Nationalsozialisten – dies umso mehr, als im Sommer 1937 seine Frau Anita an Lungentuberkulose starb.

Als Kolbe schließlich 1938 als Vizekonsul nach Kapstadt geschickt wurde, ließ er das erste Mal seiner Gesinnung Taten folgen: Er stellte regelwidrig Reisepässe aus, um deutschen Flüchtlingen die Heimkehr ins Reich zu ersparen.

Warum tat er das?

Kolbes Gegnerschaft zum Nationalsozialismus war nicht ideologisch fixiert – er war weder Kommunist noch gläubiger Christ. Auch gab es bei ihm kein einschneidendes Ereignis oder ein langsames Erwachen, das ihm die Augen über die wahre Natur der NS-Herrschaft geöffnet hätte. Einzig seine sensible Wahrnehmung und ein reger Verstand reichten aus, um das Lügengebäude der neuen Machthaber zu durchschauen.

Als er bei Kriegsbeginn in die Heimat zurückkehren musste und seinen Sohn in die Obhut südafrikanischer Adoptiveltern gab, hatte er sich scheinbar schon für ein Doppelleben entschieden: In der Reichshauptstadt blieb er so weit wie möglich ungebunden, zeitweise mietete er sich nicht einmal eine eigene Wohnung, sondern wurde Untermieter bei Bekannten. Im Auswärtigen Amt dagegen spielte er die Rolle eines ordentlichen und korrekten „preußischen Beamten". Doch diese Anpassung ging nicht so weit, dass er sich zum Parteieintritt überreden ließ. Auch mit Belohnungen ließ er sich nicht ködern. Stattdessen gab er sich zunächst damit zufrieden, mit der Abwicklung von Passangelegenheiten und Auslandsreisen für Deutsche betraut zu werden.

Ausgerechnet im Amt lernte er Maria Fritsch kennen, die Privatsekretärin des Chirurgen Sauerbruch, der die Genehmigung für eine Vortragsreise in die Schweiz benötigte. Mit Maria Fritsch verstand er sich auf Anhieb, woraus erst Freundschaft, dann eine Beziehung entstand. Über sie wiederum lernte er Sauerbruch und dessen großen Freundeskreis kennen, in dem sich viele Nazigegner bewegten.

Und so traf Kolbe auch den Prälaten und früheren Reichstagsabgeordneten Georg Schreiber, einen überzeugten Nazigegner. Als Kolbe sich ihm offenbarte, riet der Geistliche ihm: „Verlassen Sie Deutschland nicht! Kämpfen Sie gegen die Nazis mit allen Mitteln, die Ihnen zur Verfügung stehen. Gott hat Sie aus irgendeinem Grund auf diesen Posten gestellt."

Doch was tun? Kolbe war inzwischen davon überzeugt, dass das Naziregime nur von außen beseitigt werden konnte – durch eine Kriegsniederlage.

Im Vorzimmer von Diplomat Ritter begann das zweite – und geheime – Leben des Fritz Kolbe, denn er spürte: Ich muss diese Informationen irgendwie weitergeben. Kolbe war schnell klar, wie unbequem die Rolle werden würde, die er übernehmen wollte. „Mit dem Vorwurf des Verrats hatte ich mich innerlich auseinandergesetzt und ihn überwunden. Hitler war durch Betrug und Gewalt an die Macht gekommen und hatte Deutschland und die ganze Welt in den Krieg gestürzt. Nach meiner Ansicht war dem Hitler-Regime niemand mehr Treue und Gehorsam verpflichtet", erinnert er sich später.

Das NS-System war für ihn immer ein Unrechtsstaat – genauso wie wir dies heute sehen. Das zeigt, wie klar Kolbe dachte und wie sehr er seiner Zeit voraus war. Denn wir müssen uns vor Augen führen: Nach der Niederlage wurden zwar die NS-Verantwortlichen zur Rechenschaft gezogen (wenn auch in unzulänglicher Weise), doch im Nachkriegsdeutschland dachte man nicht daran, den ganzen NS-Staat zum „Unrechtsstaat" zu erklären. Diese heutige Sicht der Dinge musste erst gegen die Widerstände in der deutschen Politik, Verwaltung und Öffentlichkeit durchgesetzt werden. Federführend war hier der Staatsanwalt Fritz Bauer, der auch die Frankfurter Auschwitz-Prozesse auf den Weg brachte. Er hätte eigentlich auch einen Platz als Unbequemer verdient!

Kolbes Absicht stand nun fest, aber ihr musste auch praktisches Handeln folgen. Und das bedeutete von seinem Posten aus: Informationen weitergeben, vor allem an das Ausland, in das Deutsche nicht mehr ohne Genehmigung reisen durften. Kolbe freundete sich deshalb mit Gertrud von Heimerdinger an, die im Kurierreferat des AA arbeitete. Ihr erklärte er, er wolle in die Schweiz, um dort eine Familienangelegenheit zu regeln – schließlich lebte sein Sohn noch in Südafrika. Von Heimerdinger verschaffte Kolbe in den nächsten drei Jahren mehrere Kurieraufträge nach Bern.

Als Kolbe dort das erste Mal am 17. August 1943 eintraf, wartete schon sein Freund Kocherthaler auf ihn. Als der von Kolbes Anliegen erfuhr, ließ er sich sofort einen Termin beim britischen Botschafter geben. Doch der traute Kocherthaler nicht und lehnte sein „Informationsangebot" ab. Beim amerikanischen Gesandten hatten sie mehr Glück und nach Vorgesprächen traf Kolbe sich mit dem OSS-Agenten (Vorläufer der CIA) Allen Welsh Dulles, einem langjährigen Diplomaten und Europakenner, in der Privatwohnung von dessen Assistenten Gerald Mayer. Kolbe zog einen Packen Depeschen aus seiner Jacke – alle in beigen Umschlägen mit aufgebrochenem Hakenkreuz-Siegel. Diese Schriftstücke und ein langes Gespräch sollten Dulles überzeugen.

Der Kontakt stand also, und Kolbe gelang es, bis zum Kriegsende rund 1600 geheime Telegramme und andere Schriftstücke weiterzuleiten.

Teils überbrachte er sie auf Dienstreisen, teils verfrachtete er sie eigenhändig als Diplomatengepäck direkt ins Diplomatenabteil des Zuges nach Basel. Darüber hinaus halfen ihm Gleichgesinnte aus dem Kreis um Sauerbruch, die Nachrichten zu fotografieren und außer Landes zu schaffen.

Ein unheroischer Held

Auf die Frage nach seiner Motivation hat er einmal einem Journalisten gesagt: „Mein Bestreben war, den Krieg abzukürzen, den Unglücklichen in den KZs weitere Leiden ersparen zu helfen". Tatsächlich hatte Kolbe keinen persönlichen Nutzen von seinen Taten – auch nach dem Ende des Krieges nicht.

Kolbes Leben ist ein wenig zu „glatt" für unsere Heldenfantasie – es fehlen die eindeutigen Brüche und Kanten, die viele andere Widerständler aufweisen.

Fangen wir mit dem seinem Äußeren an: „Er war klein, stämmig und kahlköpfig. Man hätte ihn eher für einen ehemaligen Boxer als für einen Diplomaten gehalten. Seine Augen waren lebhaft und aufmerksam, mit einem Blick, der aufrichtige Entschlossenheit ausdrückte." So beschrieb Dulles seinen ersten Eindruck. Kolbe trieb zeit seines Lebens begeistert Sport, weil er an einen gesunden Geist in einem gesunden Körper glaubte. Außerdem sollten ihn seine Wandervogel-Kontakte aus Jugendzeiten gerade in den Kriegsjahren in seiner Haltung gegen die Nazis bestärken. Doch reichte das schon, um gegen die Parolen der Nazis immun zu sein?

Stauffenberg und Co. hatten ja zunächst mitgemacht, und erst als man sich mehrheitlich einig war, schlug man gemeinsam zu. Selbiges gilt auch für die Kritiker im AA – so die Historikerkommission „Die Vergangenheit des AA": „Die Opposition, die sich im Auswärtigen Amt gegen Hitler gebildet hatte, bestand überwiegend aus Angehörigen des Großbürgertums und des Adels. Weitverzweigte familiäre und gesellschaftliche Beziehungen erleichterten es, potenzielle Verbündete zu mobilisieren und Kontakte zum Ausland zu knüpfen."

Ganz anders der aus einfachen Verhältnissen stammende Kolbe: Vom Passfälschen über das Flugblätterverteilen zur Weitergabe von Staatsgeheimnissen, was Hochverrat darstellte – Kolbe führte alles im Alleingang durch, nur bei den Vorbereitungen ließ er sich helfen.

Kolbe hatte während seiner Spionagetätigkeit mehrfach abgelehnt, sich für seine Dienste bezahlen zu lassen. Hätte er das getan, hätten die Amerikaner dem von Kolbe gelieferten Material vielleicht mehr Glauben geschenkt. Dieses Material informierte sie nicht nur detailliert über die militärische Strategie der Reichswehr und ihrer Verbündeten – etwa über die geplanten U-Boot-Angriffe auf alliierte Konvois vor den Azoren oder die Expansionspläne der Japaner in Südostasien. Nein, es gab auch Auskunft über geheimdienstliches Wissen der Deutschen, wie etwa die Dechiffrierung des amerikanischen Geheimcodes oder die Enttarnung etlicher deutscher Agenten, etwa den berühmten „Cicero" bei der britischen Botschaft in der Türkei. Darüber hinaus informierte es die Alliierten auch über technische Neuerungen, wie den Kampfbomber Messerschmitt Me 262 oder die Vergeltungs-Waffenprogramme V-1 und V-2. Und nicht zuletzt lieferte es Hinweise zu der geplanten Ermordung der Juden in Rom und der Deportation der Juden in Ungarn.

Unterdessen fragte sich Kolbe, ob sein Beitrag ausreichend war. Er war sogar bereit, als aktiver Widerstandskämpfer in den Untergrund zu gehen. Doch sein Kontaktmann Dulles riet ihm dringend davon ab. Als Spion war er ihm nützlicher – allerdings überredete er Kolbe bei seinem Besuch in Bern im März 1945, dort zu bleiben, um das Kriegsende abzuwarten. Aber wie nützlich waren Kolbes Informationen am Ende?

Anfänglich trauten die Amerikaner Kolbes Material nicht, dann stuften sie es als so geheim ein (nicht „topsecret", sondern „kappa secret" – das ist „super top secret"), dass kaum jemand es zu Gesicht bekam. Dann kam es zu Meinungsverschiedenheiten zwischen der OSS-Zentrale in den USA und Dulles in der Schweiz. „Die Diskrepanz zwischen der extensiven Dienstauffassung des US-Sondergesandten in Bern und den tatsächlich vorhandenen Spielräumen amerikanischer Deutschlandpolitik war es auch, die Kolbe in der letzten Kriegsphase zum Verhängnis werden sollte", urteilt die Historikerkommission vornehm zurückhaltend. Man kann es auch direkter sagen: Die Amerikaner nahmen es in Kauf, dass ihr bester Spion „verbrannte". Denn nicht nur verlangten sie von Kolbe, dass er sich im Frühjahr 1945 gegenüber dem deutschen Gesandten in Bern, Otto Köcher, als Agent der Amerikaner zu erkennen gab. Köcher sollte auch noch die in der Gesandtschaft gelagerten immensen Goldreserven (die Schweiz hatte dafür gesorgt, dass das Gold in handelbare Währungen verflüssigt wurde) und die Unterlagen über Auslandsvermögen der NS-Größen über Kolbe an die Amerikaner ausliefern. Er weigerte sich und wurde deshalb nach Kriegsende nach Deutschland ausgeliefert und dort verhaftet. Bevor er sich im Dezember 1945 das Leben nahm, verbreitete er unter den Mitgefangenen, Kolbe habe ihn „bei den Amerikanern angeschwärzt."

Das entsprach nicht der Wahrheit, auch wenn richtig ist, dass Kolbe mehr getan hat, als bloß Informationen weiterzugeben. So wusste er als einer der ersten Deutschen, dass die Alliierten nicht nur vorhatten, die oberste Führungsriege des NS-Regimes anzuklagen, sondern all jene einer

Prüfung zu unterziehen, die in irgendeiner Weise Verantwortung in Politik, Verwaltung und Wirtschaft getragen hatten. Deshalb wurde „automatischer Arrest“ für diesen Personenkreis angeordnet, um in einem zweiten Schritt zu fragen: Wer hatte sich schuldig gemacht, wer war unbelastet?

Zu diesem Zweck hatten die Alliierten bereits vor Kriegsende damit begonnen, Informationen zu sammeln. Dazu gehörte auch eine Liste der Mitarbeiter des AA, die Kolbe anfertigte: Wer war untragbar geworden? Wer konnte weiterarbeiten? 133 von 241 Beurteilten erschienen ihm „ungeeignet“ – allerdings hielten sich die Alliierten nur an wenige seiner Empfehlungen. Etlichen der von Kolbe als ungeeignet bewerteten höheren Beamten gelang es später, den Amerikanern ihre Dienste anzubieten.

Im Juli 1945 kehrte Kolbe ins völlig zerbombte Berlin zurück, wo er für die US-Militärbehörde (Office of Military Government for Germany, United States kurz: OMGUS) arbeitete. Diese hatte damit begonnen, das deutsche Nachkriegschaos zu verwalten und die Nürnberger Prozesse vorzubereiten. Daneben gab es aber auch weitere Prozesse, bei denen sich Viele aus der zweiten und dritten Reihe zu verantworten hatten. So wurden Mitarbeiter des AA im sogenannten „Wilhelmstraßen-Prozess“ angeklagt – in der Wilhelmstraße lag der Hauptsitz des Auswärtigen Amtes. In diesem Zusammenhang kam es jedoch vor allem zu einer Art Musterprozess gegen Ernst Heinrich Freiherr von Weizsäcker, der in den entscheidenden Jahren 1938 bis 1943 Staatssekretär des AA war. Von Weizsäcker (1882–1951) diente zunächst als Marineoffizier, bevor er zu Beginn der Weimarer Zeit in den diplomatischen Dienst berufen wurde.

Es war von Weizsäcker, der als Gesandter in Oslo in Briefen die antijüdischen Aktionen angesichts der „Judenüberschwemmung“ rechtfertigte, der sich als Gesandter in der Schweiz 1936 für die Ausbürgerung des dort ansässigen Thomas Mann einsetzte – angesichts der „feindseligen Propaganda gegen das Reich im Ausland“. Bevor von Weizsäcker am 3. April 1938 erster Staatssekretär des AA wurde, trat er der NSDAP bei, später wurde er als Oberführer in die SS aufgenommen.

Beim Wilhelmstraßen-Prozess hieß es Pars pro Toto – das Teil für das Ganze. Weizsäcker sollte zunächst als das Aushängeschild freigesprochen werden, damit wollte man symbolisch das ganze AA weiß waschen und als Fels in der Brandung der allgemeinen Kollaboration darstellen. Doch von Weizsäcker wurde schuldig gesprochen und zu fünf Jahren Haft verurteilt, von denen er allerdings nur drei absitzen musste.

Übrigens: Es war niemand anderes als von Weizsäckers Sohn Richard, unser Altbundespräsident, der als Hilfsverteidiger mitwirkte, die Schuld seines Vaters zu minimieren.

Die Historikerkommission kam rund 60 Jahre später jedoch eindeutig zu dem Schluss, dass das Auswärtige Amt nicht nur jederzeit Kenntnisse von den Judendeportationen hatte. Dazu der Marburger Historiker Eckart Conze: „Das Außenministerium bemühte sich, für die deutschen Behörden den Zugriff auf die Juden in anderen Ländern zu sichern und gewissermaßen eine europäische Judenpolitik zu entwickeln, denn das Amt suchte nach neuen Aufgaben. Die klassische Diplomatie war ja mit Kriegsbeginn weitgehend weggebrochen."

Nach Kriegsende hielten die ehemaligen Mitarbeiter des AA nicht nur an ihrer angeblichen „Unschuld und Ahnungslosigkeit" fest. In Stellungnahmen führender Mitarbeiter wie Emil von Rintelen und in Ernst von Weizsäckers niedergeschriebenen Erinnerungen wurde das Amt nach und nach zu einem Ort des Widerstandes stilisiert. Damit dieser „Mythos der weißen Weste" Bestand haben konnte, mussten sich alle Betroffenen auf Stillschweigen beziehungsweise eine übereinstimmende Geschichte einigen. Was aber, wenn einer auftaucht, der sich nicht dazu verpflichtet fühlt, der durch sein Tun bereits seine Illoyalität bewiesen hat – ein Verräter eben?

Als Kolbe seine Tätigkeit für die alliierte Militärregierung im April 1948 abgeschlossen hatte, sah er für sich erst einmal keine Zukunft in Deutschland.

Doch die USA verweigerten ihm die Einreise, und auch der Versuch, in der Schweiz in der Firma seines Freundes Ernst Kocherthaler unterzukommen, scheiterte. Erst im März 1949 siedelte Kolbe in die USA über, wo Dulles jedoch nur wenig für ihn tun konnte – sieht man von einem Startkapital von 10 000 Dollar einmal ab. Während ehemalige Nazis für Atomwaffen-, Raketen- und Geheimdiensttätigkeiten angeworben wurden, gab es vonseiten der US-Behörden nicht die geringste Bereitschaft, ihren erfolgreichen Spion und Mitarbeiter zu übernehmen. Als Kolbe dann sein Geld bei einem Spekulationsgeschäft verlor, blieb ihm nichts anderes übrig, als nach Deutschland zurückzukehren.

„Unter keinen Umständen einstellen!"

Nach der Gründung der Bundesrepublik wurde 1950 damit begonnen, den Auswärtigen Dienst als Auswärtiges Amt der Bundesrepublik Deutschland neu aufzubauen. Bundeskanzler Konrad Adenauer beauftragte damit seinen Berater Herbert Blankenhorn. Dieser war im Krieg ausgerechnet Assistent des Berner Gesandten Köcher gewesen, der vor seinem Selbstmord Kolbe als Spitzel denunziert hatte. Als sich nun auch Kolbe für eine erneute Tätigkeit im Auswärtigen Amt bewarb, wurden die alten Seilschaften aktiviert. So entdeckte die Historikerkommission um Eckart Conze in den Notizen des Personalleiters im AA, Wilhelm Melchers, dass Kolbe „unter keinen Umständen eingestellt werden" und auch „ohne Bescheid bleiben" solle.

Die Nachkriegsöffentlichkeit hätte von diesen NS-Seilschaften durchaus etwas mitbekommen können. Nach einer Artikelserie in der *Frankfurter Rundschau* aus dem Jahre 1951 etwa kam es 1952 im Bundestag zu einer Befragung von Konrad Adenauer, der damals Bundeskanzler und Außenminister zugleich war. Der musste einräumen, dass rund 66 Prozent – also zwei Drittel – der höheren Beamten des Auswärtigen Amtes ehemalige Mitglieder der NSDAP oder einer ihrer Organisationen waren.

Das aber interessierte die deutsche Öffentlichkeit damals wenig, zu sehr war man mit Überleben und Aufbau beschäftigt. So entstand eine Gesellschaft der Verdrängung. Auch künftige Außenminister – darunter Willy Brandt, Walter Scheel und Hans-Dietrich Genscher – sollten es unterlassen, Licht ins Dunkle der Wiederbesetzung des Auswärtigen Amtes zu bringen.

Für Kolbe indessen hatte dieser mangelnde Wille, die Verhältnisse aufzuklären, direkte und weitreichende Konsequenzen: Weil er als Nestbeschmutzer und ehrloser Verräter abgestempelt war, konnte er nirgends Fuß fassen. Aus diesem Grund wurde ihm etwa eine Anstellung als Schweizkorrespondent einer deutschen Nachrichtenagentur verweigert

– man hatte sich über Kolbe „erkundigt“. Selbst der Bezug des Übergangsgeldes, auf das er als ehemaliger Beamter einen Anspruch hatte, wurde ihm verweigert. Kolbe wurde schließlich die Tätigkeit eines Handlungsreisenden für Motorsägen vermittelt. Doch er war nicht der „Vertretertyp“, der anderen x-Beliebiges aufschwatzen konnte. Seine Geradlinigkeit stand ihm dabei im Weg.

Nur Maria Fritsch, die er inzwischen geheiratet hatte, und sein Freund Ernst Kocherthaler waren eine feste Größe in seinem Leben und gaben ihm Halt. Denn selbst die ehemaligen Widerständler mieden Kolbe, und von offizieller Seite erfuhr er bis zu seinem Tod im Jahr 1971 keinerlei Rehabilitierung, geschweige denn eine Ehrung.

Fast drei Jahrzehnte, in denen sich die deutsche Öffentlichkeit immer stärker mit der NS-Zeit auseinandersetzte, mussten vergehen, bis Bewegung in die Angelegenheit „Fritz Kolbe“ kam. Während 1998 der US-Kongress bis dahin als geheim eingestufte Dokumente aus der Zeit des Zweiten Weltkriegs zugänglich machte, wurde in der Bundesrepublik der als „Joschka“ bekannte Grüne Joseph Fischer in der gerade entstandenen rot-grünen Koalitionsregierung Außenminister.

Im Jahr fünf seiner Amtszeit kam es im Auswärtigen Amt zu einem Zwischenfall mit Folgen: Außenminister Fischer ärgerte sich über einen Nachruf für den Generalkonsul Franz Nüßlein in der Hauspostille „AA intern“. Darin wurde verschwiegen, dass Nüßlein als Oberstaatsanwalt im besetzten Tschechien mit Hunderten von Todesurteilen am NS-Terror gegen die dortige Bevölkerung maßgeblich beteiligt war. Ab sofort – so Fischers Verfügung – sollten ehemalige NSDAP-Mitglieder nicht mehr gewürdigt werden. Im AA regte sich Unmut.

2004 erschien die deutsche Ausgabe der Kolbe-Biografie unter dem Titel „Fritz Kolbe – Der wichtigste Spion des Zweiten Weltkrieges“.

Das öffentliche Interesse in Deutschland war mäßig, das Buch wurde kein Bestseller. Aber unter denen, die mehr erfahren wollten, war auch Außenminister Fischer, der nach eigenen Angaben die Kolbe-Biografie in seinem Urlaub regelrecht verschlungen hatte. Und Fischer war Chef der Behörde, der Fritz Kolbe angehört und die sich geweigert hatte, diesen nach dem Krieg wieder einzustellen. Gleich am 9. September 2004 würdigte er in einer Feierstunde den Beitrag Fritz Kolbes zum Widerstand gegen das NS-Regime und weihte den Fritz-Kolbe-Saal im Auswärtigen Amt ein. Auch veranlasste er, dass eine Historikerkommission endlich die von Legenden verdeckte Geschichte des AA freilegte. Doch 2005 kam überraschend das Ende der rot-grünen Koalition, es wurden Neuwahlen angesetzt und ein Bündnis aus CDU und SPD übernahm die Regierung.

Der Sozialdemokrat Franz-Walter Steinmeier sorgte dafür, dass die Historikerkommission ihre Arbeit aufnehmen und auf die Akten zugreifen konnte, die sie sehen wollte. Als die Kommission 2010 ihren Bericht vorlegte, kam darin nicht nur die Mär, das AA sei ein Hort des Widerstandes gewesen, endgültig zu Fall. Auch Fritz Kolbes Wirken nimmt in dem Bericht breiten Raum ein. Die von Kolbe an die Alliierten weitergeleiteten Telegramme dokumentierten, dass die Führung des Auswärtigen Amtes in der Tat detaillierte Kenntnisse über die Deportationen gehabt habe – so die Kommission. „Die Diplomaten waren zu jedem Zeitpunkt über die Judenpolitik im Bilde und aktiv an ihr beteiligt." Außerdem zeigt Kolbes Handeln: Widerstand war möglich – Widerstand musste nicht unbedingt auf ein Attentat gegen den Führer zielen. Die Weitergabe von wichtigen Informationen – von vielen immer noch „Verrat" genannt – war ein effektives Mittel, um den Krieg und damit die Herrschaftszeit des NS-Regimes zu verkürzen.

Mit dem Fall Kolbe kam schließlich auch zum Vorschein, dass die Mitarbeiter des nach dem Krieg neu eingerichteten Auswärtigen Amtes sich vor allem aus Ehemaligen rekrutierten, in der Mehrheit gleichzeitig ehemalige NSDAP-Mitglieder. Und diese sorgten dafür, dass ihre Reihen geschlossen blieben. „Die Behandlung Kolbes bei der Wiederbegründung des Auswärtigen Amtes ist kein Ruhmesblatt für unser Haus", urteilte denn auch Außenminister Fischer bei der Gedenkfeier 2005, als Kolbe endlich in die Liste der Widerständler aufgenommen wurde.

Warum ist es unbequem, sich mit Fritz Kolbe auseinanderzusetzen? Weil er mit seinem Beispiel nicht nur zeigt, wie leicht die NS-Herrschaft mit ihrer völkischen Ideologie zu durchschauen war, sondern weil er auch die letzte Ausrede der Mitläufer sabotiert: „Was konnten wir schon tun!"

„Widerständler wie Fritz Kolbe bewiesen durch ihr Handeln, dass jedermann, ungeachtet seiner Stellung oder Funktion, etwas gegen den Nazismus hätte unternehmen können" urteilt sein Biograf Delattre.

Doch warum tun wir uns ausgerechnet mit einem rundweg sympathischen Helden des Widerstandes so schwer, einem, der eher in die Kategorie Alltagsheld gehört? Anders als bei Oskar Schindler wollte man Fritz Kolbe nicht feiern oder gar ehren. Seine Biografie verkaufte sich nur schleppend, das Buch und eine Taschenbuchausgabe wanderten schon bald in den Remittendenverkauf.

Kolbe ist noch immer nicht im kollektiven Gedächtnis der Deutschen angekommen. Dort sollten wir ihm jedoch schnellstmöglich einen Platz einräumen.

Politisches Urgestein nach eigenen Regeln: Franz-Joseph Strauß

(1915–1988)

Dresden, Ende Juli 1983. Obwohl die Stasi alles versucht, den schwergewichtigen Mann im Sommerhemd, begleitet von Frau und ältestem Sohn, abzuschirmen, gelingt es Bürgern der Deutschen Demokratischen Republik immer wieder, den Schutzring zu durchbrechen. Verzweifelt versuchen sie an diesen Besucher heranzukommen, um ihm eine kleine Petition zu übergeben oder ihm einfach nur die Hand zu schütteln.

Strauß war zunächst von Erich Honecker im Jagdschloss der SED-Führung Hubertusstock empfangen worden, dann ging es weiter nach Erfurt, Weimar und Dresden. Die Machthaber des sozialistischen Staates gewähren dem vermutlich größten „Kalten Krieger" der „BRD" eine Privatreise durch ihr Land, die zu einem Triumphzug wird. Ausgerechnet ihm – dem erklärten Feind des Sozialismus, der Sowjetunion, ihrer Satellitenstaaten und zahllosen Agenten im freien Westen, zu denen er selbst noch die meisten Sozialdemokraten zählt.

Der bayrische Regierungschef hat im Gegenzug ein recht üppiges Gastgeschenk mitgebracht – einen Kredit über eine Milliarde DM, von ihm persönlich eingefädelt. Kopfschüttelnd fragt sich die Republik: Wieso hat Franz-Joseph Strauß das getan?

Einmal wird am Rande der Szene ein Mann verhaftet, und die Umstehenden rufen Strauß mit den Worten zu Hilfe: „Herr Ministerpräsident! Herr Ministerpräsident!" Schon allein dieser Hilferuf stellt klar, wen diese

DDR-Bürger für einen richtigen Volksvertreter und Landesvater halten – und wen nicht!

Strauß kommt, schaut, – und der Festgesetzte wird freigelassen.

Was für ein Triumph! Die freie Welt siegt über den abgeschotteten, seine Bürger unterdrückenden Ostblock – zumindest in diesem kurzen Augenblick, der vom Fernsehen übertragen, auf der ganzen Welt zu sehen sein wird. Was für ein Triumph für Franz-Joseph Strauß, wieder einmal hat er es allen gezeigt!

Franz-Joseph Strauß – oder einfach nur FJS – war immer wieder für eine Überraschung gut, dieser Mann täuschte alle: seine Feinde, seine Freunde und wohl auch sich selbst. Das Unbequemsein machte er gewissermaßen zum Prinzip seines politischen Handelns: Während er 43 Jahre lang ununterbrochen öffentliche Ämter und Mandate bekleidete – darunter viermal Bundesminister und zehn Jahre bayerischer Ministerpräsident –, war er gleichzeitig in zahllose Skandale und undurchsichtige Machenschaften verwickelt.

Kein Wunder, dass FJS die Bevölkerung so stark polarisierte wie kein anderer: Für die einen war er die Verkörperung der Macht schlechthin, einer, der keine Skrupel kannte. Für die anderen war er der furchtlose Kämpfer, der die Dinge beim Namen nannte und sein Anliegen ohne falsche Rücksichtnahmen durchboxte.

Wie kein anderer bundesdeutscher Politiker forderte er die Frage nach der politischen Moral heraus.

War er wirklich – wie ihn Teile der Linken während des Bundestagswahlkampfes 1980 beschimpften – ein alter Nazi und unbelehrbarer Unterstützer von Diktatoren und Faschisten? Oder war er ganz im Gegenteil der Streiter für die Freiheit, der sich auch vom Warschauer Pakt nicht einschüchtern ließ?

Zunächst einmal war er ein begabter Emporkömmling. Am 6. September 1915 wurde er als erster Sohn des Metzgers Franz Joseph Strauß in der Münchener Maxvorstadt geboren. Hier erlebte die Familie nach dem Ersten Weltkrieg nicht nur hautnah die Münchener Räterepublik – die „Bolschewistische Revolution“ – sondern auch das Entstehen der nationalsozialistischen Bewegung, für die Vater Franz Joseph wie auch später sein Sohn nur Abscheu verspürten.

Schon früh hatte er Glück: Als der junge Franz – Franz-Joseph sollte er sich erst später nennen – allein durchs Zuhören beim Gottesdienst Latein lernte, sorgte der Pfarrer dafür, dass er aufs Maximiliansgymnasium kam. 1935 machte er dort das bayernweit beste Abitur. Einer seiner Lehrer allerdings schrieb ihm damals auch ins Stammbuch: „Sein Charakter gefällt mir nicht ... Außerdem halte ich ihn für einen Menschen, der einmal seine Ziele mit brutaler Rücksichtslosigkeit verfolgen wird."

Mit Hilfe eines Stipendiums studierte er Altphilologie und Geschichte fürs Lehramt, machte sich als Radsportler einen Namen und, weil er Mitglied im Nationalsozialistischen Kraftfahrerkorps (NSKK) war, wurde er bei Kriegsausbruch 1939 zunächst zum Mechaniker und Kraftfahrer ausgebildet. Dann beantragte er Studien- und Examensurlaub und vollendete seine Ausbildung zum Lehrer, während deutsche Soldaten die Welt zu erobern versuchten.

Im April 1941 wurde Strauß dann doch zum Fronteinsatz eingezogen, allerdings wurde dieser immer einmal wieder durch Lehrgänge unterbrochen. So erreichte Strauß den Dienstgrad eines Ordonanzoffiziers. Dem Kessel von Stalingrad entkam seine Division nur knapp und gegen den Befehl des Führers – doch in seinen späteren Erzählungen war er es, der sie alle vor den Russen gerettet hatte. Tatsächlich entwickelte er schon als Offizier jene Fähigkeiten, die ihn ins Zentrum der Macht tragen sollten: Er verachtete Titelträger, die keine wirkliche Autorität besaßen. Er schloss Bündnisse (Männerkameradschaften – heute Netzwerke genannt), besetzte Schlüsselpositionen und ging mit Entschlossenheit gegen alle Gegner vor. Noch während des Krieges hatte er einen Kameraden durch beherztes Eingreifen vor der Verurteilung und sicherlich auch Hinrichtung als Deserteur gerettet. Das war außerordentlich mutig, machte allerdings noch keinen Widerstandskämpfer aus ihm, zu dem er sich selbst später gern in vielen Geschichten und Anekdoten stilisierte. Dazu will auch nicht passen, dass er beim NSKK „Referent für wehrgeistige Führung" war, denn in dieser Funktion wird er kaum über längere Zeit das NS-Regime kritisiert haben.

Nach Kriegsende wurde er zwar interniert, konnte aber mit einem Bericht über den Russlandfeldzug den US-Geheimdienst-Mitarbeiter Ernst F. Hauser auf sich aufmerksam machen. Auf dessen Empfehlung wurde er im Juni 1945 zum Landratsassistenten des Kreises Schongau ernannt. Nicht einmal einen Monat nach Kriegsende hatte der Ex-Offizier und Studienrat damit einen gut bezahlten Job.

Und auch als er beim ersten Parteitag der CSU im März 1946 als quasi Unbekannter eine Rede halten durfte, war er wieder zur richtigen Zeit am richtigen Ort. Schon damals prophezeite er den Kampf zwischen den vormals Verbündeten USA und UdSSR – Freiheit oder Sozialismus! Die Delegierten waren beeindruckt, und Strauß wurde mit 32 Jahren der jüngste Bundestagsabgeordnete. Adenauer selbst ernannte ihn zum Bundesminister, auch hier war er der jüngste, wenn auch vorerst ohne Ressort als „B.M. für besondere Aufgaben".

Gleich seine erste Rede im Bundestag wurde ein Knaller: Die CDU-Regierung hatte mit den Alliierten heimlich eine Wiederbewaffnung der Bundesrepublik beschlossen, nun sollte die Öffentlichkeit langsam darauf eingestimmt werden. Bundeskanzler Adenauer tat sich in seiner Rede schwer, er stammelte sich von einem „Meine Damen und Herren" zum nächsten.

Dann kam Strauß. Mit geschliffener Rhetorik malte er das Szenario des Kalten Krieges an die Wand: Nur innerhalb eines geeinten Europas und mit der Nato als starker Verbündeter könne die Bundesrepublik überleben. Er hatte auch eine Vision zur Hand: das Atom-Zeitalter, die „Bombe" als Abschreckungswaffe!

Auch wenn er von der Kernphysik keine Ahnung hatte, nahm Strauß, als ihn Adenauer in einem genialen Schachzug anschließend zum „Atomminister" machte, die Herausforderung an. Er tauchte für 14 Tage unter, büffelte alles, was er über Kernphysik und Atombomben in die Hände bekam, und als er wieder auftauchte, konnte er mit seinem Wissen jeden an die Wand reden. Auch privat hatte er Glück: Als er sich 1957 in Marianne, die Tochter seines CSU-Kollegen und reichen Brauerei-Besitzers Zwicknagl, verliebte und man schließlich mit viel Pomp heiratete, schrieb er an einen Kameraden: „Ich habe gut geheiratet, nicht sehr gut, aber gut." Was sagt dieser Satz über den Charakter eines Menschen aus?

Marianne war nicht nur gut aussehend und kam aus einer vermögenden Familie, sie hatte außerdem Volkswirtschaftslehre studiert. Ein Leben lang wird sie zu ihrem Mann stehen – trotz seiner Affären und Seitensprünge. Mit ihren Fähigkeiten wurde sie später sogar Teil des FJS-Systems.

All das sollte ihm jedoch nicht reichen, denn FJS hatte Nachholbedarf: Geld, Luxus, Frauen und Macht wollte er, sofort! Bald schon drifteten Wesen und Erscheinungsbild von Strauß immer weiter auseinander: Während sein Körper aus dem Leim ging, wurde er in der Politik immer wendiger. Mit viel Raffinesse schaltete er zunächst den amtierenden Verteidigungsminister aus und räumte sich so den Weg frei. Berüchtigt war außerdem seine Rachsucht. Selbst den Verkehrspolizisten, der ihm als Verteidigungsminister keine Vorfahrt eingeräumt hatte, ließ er monatelang mobben.

Den Wahlkampf 1956/57 führte die CDU/CSU im Sinne Strauß' ganz polemisch im Zeichen des Kalten Krieges und errang damit die absolute Mehrheit: „Wo Ollenhauer (der SPD-Kanzlerkandidat, W. K.) sät, erntet Moskau!" Kaum war Strauß Verteidigungsminister, wurde dieses Ministerium ständig in Affären verwickelt: Als 1957 Kernphysiker wie Otto Hahn und Werner Heisenberg sich gegen eine atomare Aufrüstung aussprachen, erkannte Strauß ihnen jede Kompetenz ab. Bei der Vergabe von Aufträgen für den Kampfjet „Starfighter" kam es 1958 zu „Unregelmäßigkeiten". In der sogenannten „Fibag-Affäre" versuchte Strauß 1960, den Bau von Gebäuden für das US-Militär an einen Freund zu vergeben.

Auch im Negativen wurde FJS der Politiker der Superlative: Von der Fibag- über die Starfighter- und die Spiegel- bis schließlich zur Amigo-Affäre: Sie alle sind mit seinem Namen verbunden. In der „Skandalchronik", die sich mit 40 Jahren Bundesrepublik beschäftigt, fallen auf Franz-Joseph Strauß die meisten Einträge: stattliche 42, Helmut Kohl bringt es dagegen nur auf 32 und Konrad Adenauer auf schlappe 26, von denen einige wiederum mit FJS zusammenhängen.

Doch während für so manchen Politiker schon ein einziger Skandal genug war, um ihn politisch zu Fall zu bringen, konnte kein politischer Fehltritt Strauß irgendetwas anhaben. Er glich dem Fels in der Brandung, wich höchstens einmal von der Bundes- auf die Landesebene aus, um dann baldmöglichst sein Comeback zu starten. Selbst eine Affäre, welche die gesamte Republik verändern sollte, konnte ihn nicht völlig aus der Bahn werfen.

Ein Mann – viele Skandale

Auslöser war der am 10. Oktober 1962 im *Spiegel* erschienene Artikel: „Bedingt abwehrbereit!" Darin wird am Beispiel des Bundeswehr-Herbstmanövers Fallex62 dargelegt, wie wenig die Bundeswehr für den Fall eines Angriffs gerüstet sei. Vor allem jedoch zielte der Artikel gegen die Strauß'sche Verteidigungsstrategie, die Taktik der Abschreckung: Würde der Warschauer Pakt mit konventionellen Waffen angreifen, wäre die Bundeswehr aufgrund ihrer Ausstattung nicht in der Lage, die Bundesrepublik Deutschland konventionell zu verteidigen.

Der *Spiegel* hatte bereits einige Wochen zuvor in dem Artikel „Der Endkampf" ganz unverhohlen gefordert: Strauß sei ein gefährlicher Politiker, dessen unvermeidlich scheinender Aufstieg zum Bundeskanzler verhindert werden müsse!

Der Beitrag summiert genüsslich die Vorwürfe: „Das Gesicht des Mannes, der mit Vokabeln wie „totale Vernichtung", „selbstmörderisches Risiko", „absolute Abschreckung", „verbrecherische Dummheit" wie mit Jongleurkugeln um sich wirft, kennt jeder Bewohner der Bundesrepublik, das Gesicht des Mannes, dem Zeitgenossen bescheinigen, er sei „von Ehrgeiz getrieben wie eine Furie" (W. S. Schlamm), des Mannes, der davon „träumt, die deutsche Armee zur stärksten Europas zum machen" (Londons *Daily Mail*), das Gesicht eines der „gefährlichsten Männer in Europa" (*Tribune*)." Ja, der *Spiegel* legte noch nach: Einmal an der Macht, würde Strauß vielleicht sogar eine Diktatur anstreben!

Gegen 62 Aussagen dieses Artikels ließ Strauß Unterlassungsklage einreichen, die von der Hamburger Staatsanwaltschaft abgelehnt, von bayrischen Gerichten nach langen Prozessen in zehn Punkten anerkannt wurde, – darunter auch einzelne Zitate englischer Zeitungen. Mehr konnte Strauß nicht erwirken, er kochte innerlich.

Schließlich erschien der Artikel „Bedingt abwehrbereit!". Später konnten *Spiegel*-Rechercheure nachweisen, dass jede einzelne Information bereits schon einmal veröffentlicht worden war. Doch in seiner Gesamtheit sah der Artikel nach Geheimnisverrat aus.

Strauß nutzte diesen Anlass zum Rachefeldzug und spannte dafür den Würzburger Staatsrechtler, CSU-Mann und Strauß-Kumpan Friedrich August von der Heydte ein. Dieser erstattete Anzeige wegen Landesverrates gegen die Redaktion des *Spiegel*. Auf Anfrage der Bundesanwaltschaft erstellte das Bundesverteidigungsministerium ein Gutachten: Ja, Geheimnisverrat!

Nachdem letzte Bedenken ausgeräumt worden waren und – wie erst 30 Jahre später durch den Fund der entsprechenden Geheimkorrespondenz klar wurde – mit persönlicher Zustimmung von Bundeskanzler Adenauer gab die Bundesanwaltschaft grünes Licht.

Zusätzlich wurde die Kalte-Kriegs-Stimmung dadurch aufgeheizt, dass US-Präsident John F. Kennedy am 22. Oktober über eine Fernsehansprache bekannt gemacht hatte, dass die Sowjetunion dabei sei, Mittelstreckenraketen auf Kuba zu stationieren.

Am 23. Oktober erließ der Ermittlungsrichter beim Bundesgerichtshof die beantragten Durchsuchungsgenehmigungen für die *Spiegel*-Redaktionsräume und Haftbefehle gegen mehrere *Spiegel*-Redakteure, darunter Conrad Ahlers und Rudolf Augstein.

Am Abend des 26. Oktober besetzte die Polizei die *Spiegel*-Redaktion in Hamburg, später auch in Bonn und begann mit langwierigen Durchsuchungen. Da weder Ahlers noch Augstein auffindbar waren, verbreiteten sich Gerüchte wie: Augstein sei mit einem U-Boot Richtung Kuba geflohen. Tatsächlich hatte er nur bei Freunden übernachtet. Conrad Ahlers wähnte man bereits auf der Flucht, obwohl er nur im Urlaub in Torremolinos war. Doch Strauß wusste sich zu helfen: Er rief seinen alten Kameraden, den Madrider Militärattaché Achim Oster an. Der hat gute Kontakte zum Franco-Regime, und so wurde Ahlers von der spanischen Polizei verhaftet, obwohl noch gar kein internationaler Haftbefehl vorlag.

Zwei Tage später, am Sonntag, den 28. Oktober, stellte sich Rudolf Augstein der Polizei und wurde ebenfalls in Untersuchungshaft genommen. Wochenlang wurden die Redaktionsräume des *Spiegel* von der Polizei besetzt. Wo sonst Augstein saß, hatte sich der leitende Staatsanwalt Siegfried Buback eingerichtet. Doch so viel man auch suchte, Geheimpapiere wurden nicht entdeckt.

Die völlig überzogenen Polizeimaßnahmen führten zu wachsendem Protest in der Öffentlichkeit. War dieser Angriff auf die Pressefreiheit vielleicht eine Art Versuchsballon für den zukünftigen Umgang mit den Medien? In der Öffentlichkeit beteuerte Verteidigungsminister Strauß zunächst, mit der ganzen Aktion nicht das Geringste zu tun zu haben. Doch diese Lüge wurde offenkundig, als am 7. November der spanische Informationsminister in einem Zeitungsinterview erklärte, man habe einen deutschen Journalisten auf besonderen Wunsch des deutschen Verteidigungsministers verhaftet.

Bei der Fragestunde des Deutschen Bundestags am gleichen Tag verteidigte Bundeskanzler Adenauer die Aktion zunächst noch mit dem legendären Satz: „Wir haben einen Abgrund von Landesverrat im Lande..."

Doch sowohl die Opposition als auch der Koalitionspartner FDP ließen sich damit nicht einschüchtern. Sie wollten Fakten! Jetzt hätte Strauß Mut beweisen und seine Rolle offenlegen müssen. So hatte er es den Parteikollegen in einer nächtlichen Krisensitzung zugesichert. Doch er redete an der Sache vorbei, und nachdem man ihm die Pistole auf die Brust setzte, log er auch den Bundestag an: „Ich habe mich absichtlich so ferngehalten von dieser ganzen Sache, wie ich es mit meinen Amtspflichten vereinbaren konnte."

Die Folge: Je mehr Details der Angelegenheit bekannt wurden, desto mehr weitete sich die Affäre zu einer Regierungskrise aus, denn die FDP fühlte sich zu Recht hintergangen. Und Strauß wiederum fühlte sich von Adenauer hintergangen.

Denn nun spielte dieser den Ahnungslosen. So sehr Strauß sich auch dagegen sträubte, die Verantwortung für diese Geschichte blieb allein an ihm hängen. Doch selbst als am 19. November alle fünf FDP-Minister ihren Rücktritt aus Protest gegen den Verteidigungsminister Strauß erklärten, dauerte es noch weitere elf Tage, bis Strauß am 30. November endlich erklärte, dass er das Amt des Verteidigungsministers niederlegen werde.

Als letzter der *Spiegel*-Redakteure wurde Rudolf Augstein nach 103 Tagen U-Haft freigelassen. Und erst zweieinhalb Jahre später, am 13. Mai 1965, entschied der Bundesgerichtshof, dass keinerlei Beweise für den Verrat von Staatsgeheimnissen vorlägen. Damit wurde kein Verfahren eingeleitet. Für den *Spiegel* jedoch stand endgültig fest, wer der unbequemste Zeitgenosse, der Hauptfeind der bundesrepublikanischen Demokratie war.

*Spiegel*affäre und Kubakrise fielen mitten in den bayrischen Landtagswahlkampf, für den Strauß ständig zwischen Bonn und Bayern hin- und hergependelt war. Für den 22. November war damals eine Rede in seiner Wahlheimat Schongau/Weilheim geplant, die Strauß trotz der Spannung, unter der er stand, auch halten wollte. Hier in Bayern liebte man ihn; seit er auf der Abschussliste stand sogar mehr denn je. In seiner Rede schimpfte er denn auch auf „die da" in Bonn (zu denen er selbst von Anfang an gehörte!) und deutete Kennedys Seeblockade von Kuba, die zum Rückzug der sowjetischen Raketen geführt hatte, als Sieg einer Politik der Stärke: „Chruschtschow hat die Marschstiefel wieder ausgezogen, er geht jetzt auf Filzpantoffeln, um die Leute einzuschläfern." Das war typisch Strauß. Einmal in die Enge getrieben, stellte er sich nicht den Fragen, sondern feuerte zurück – mit geschliffener Polemik, Szenarien des Kalten Krieges, Verschwörungstheorien und blanken Verunglimpfungen.

Schon vorher hatte er die Stimmungsmache genutzt, nun wurde sie zum festen Markenzeichen der CSU. Die Trachten der Zuhörer und die Maßkrüge auf den Tischen sollten aber nicht davon ablenken, dass diese Partei moderne Politik verkörperte. Und wie diese funktioniert, das hat der amerikanische Politikwissenschaftler Murray Edelmann in seiner Studie „Politik als Ritual" eindrucksvoll analysiert. Es kommt zu einer Spaltung des Politischen: Die eigentlichen Machtkämpfe (Klientelpolitik für bestimmte soziale Gruppen etwa) bleiben verborgen, weil in der Öffentlichkeit überwiegend Scheingefechte ausgefochten werden. Dieser Schein aber kann nur solange aufrechterhalten werden, wie es den Politikern gelingt, darin Wünsche und Ängste der Massen anzusprechen und diese Emotionen in Bedrohungs- und Beschwichtigungsszenarien zu lenken.

Kein anderer Politiker seiner Generation beherrschte diese „ritualisierte Politik" auch nur annähernd so gut wie Franz-Joseph Strauß. Bis in die jüngste Zeit garantierte diese legendäre „Stammtisch-Hoheit" der CSU eine satte Mehrheit in Bayern.

Nach seinem Rücktritt als Verteidigungsminister konnte Strauß CSU-Vorsitzender, Mitglied des Bundestags und sogar stellvertretender Vorsitzender der CDU/CSU-Fraktion bleiben. Bei jedem anderen hätte man von

Ämterhäufung gesprochen, nicht aber bei FJS. Zu allem Überfluss schrieb er sich sogar noch an der Universität Regensburg ein, wo er seine Doktorarbeit nachholen wollte. Der dreifache Familienvater kaufte sich einen Sportwagen und machte nebenher den Piloten- und den Jagdschein. Rasen und Jagen waren nach seinem Geschmack. Und dennoch herrschte damals für ihn politischer Stillstand.

Vier volle Jahre musste er darauf warten, um wieder bei „denen da in Bonn" mitmischen zu können. Immerhin hatte er im Hintergrund tüchtig mit an den Strippen gezogen, um Adenauer-Nachfolger Ludwig Ehrhard vom Thron zu stürzen.

1966 kam es zur ersten Rezession in der noch jungen Bundesrepublik, CDU und SPD bildeten eine große Koalition. Einmal mehr konnte Strauß auftrumpfen. An der Universität hatte er schließlich auch Volkswirtschaftslehre belegt und sich das neue Management-Vokabular angeeignet: Begriffe wie „Konjunkturtäler" und „soziale Symmetrie" schlug er den Bundestagsabgeordneten im „Raumschiff Bonn" nur so um die Ohren. Daraufhin wurde er Finanzminister und machte zusammen mit Wirtschaftsminister Karl Schiller (SPD) einen guten Job: Gemeinsam regelten sie den Bund-Länder-Ausgleich neu, und als Finanzminister kürzte Strauß sogar den Wehretat drastisch. Die Konjunktur zog an, doch dafür heimste Schiller alle Anerkennung ein – kaum jemand weiß überhaupt noch, dass FJS damals Finanzminister war.

Gerade einmal ein Jahr später begann die Zeit der Außerparlamentarischen Opposition (APO), und Strauß war plötzlich nicht mehr auf der Höhe der Zeit. Die große Koalition verabschiedete „Notstandsgesetze", was sich für die wenig Informierten unter den Bürgern so anhörte, als wolle sich die Regierung den Weg zu einer Diktatur öffnen. Die Fernsehbilder über den Vietnamkrieg der USA verstören eine breite Öffentlichkeit, auch Hippiebewegung und Studentenproteste schwappten aus den USA herüber, es kam zu einer endlosen Kette von Protesten, Teach-Ins, kulturellen und radikaldemokratischen Experimenten.

Strauß gehörte nun nicht mehr zu den Antreibern, sondern zu den Getriebenen und Bremsern. Für die jugendlichen Protestler hatte er nur Polemik übrig: „Ungewaschene" und „dreckige Vietcong-Anhänger". Und auch sein ideologisches Hauptprojekt – der „Kalte Krieg" – wurde von Willy Brandts Entspannungspolitik abgelöst.

Als die FDP nach den Bundestagswahlen 1969 mit der SPD koalierte und Willy Brandt als Bundeskanzler vereidigt wurde, erhoben sich alle CDU-Abgeordneten eher widerwillig von den Bänken – doch einer blieb stur sitzen...

Als wirtschafts- und finanzpolitischer Sprecher der CDU/CSU-Fraktion drückte Strauß nun die Oppositionsbank. Obwohl er Willy Brandt persönlich durchaus schätzte, wurde dessen Ostpolitik ständiges Ziel seiner beißenden Rhetorik. Gelegentlich richtete diese sich jedoch auch gegen die eigenen Leute – wie 1974 während der berühmt gewordenen Sonthofen-Rede. Darin bezeichnete er die CDU-Führer Rainer Barzel und Helmut Kohl als „Zwerge im Westentaschenformat" und „Reclamausgaben von Politikern".

Strauß, der seit 1961 Vorsitzender der CSU war, hatte sich in seiner Partei eine nahezu unangreifbare Position verschafft. Und dazu gehörte auch sein ganz eigenes Finanzsystem. Korrupt im engeren Sinne war er zwar nicht, das heißt, er hat keine Gelder für konkrete Gefälligkeiten entgegengenommen. Aber Geld angenommen hat er schon – ständig und überall, am besten bar in Briefumschlägen. Natürlich ganz offiziell für die Partei, doch da kam ein Großteil des Geldes gar nicht an.

Bekannt wurde das allerdings erst 1992, als die Buchhaltungsordner des verstorbenen CSU-Schatzmeisters in einem Trödelladen angeboten wurden, noch gefüllt mit ihrem brisanten Inhalt!

Franz-Joseph nahm die Gelder an, Marianne Strauß verwaltete sie, bis sie schließlich am Finanzamt und der Parteifinanzierungsaufsicht vorbei auf Sonderkonten landeten oder von Marianne klug in Immobilien investiert wurden. Um die Freigabe einzelner Beiträge musste der CSU-Schatzmeister bei Herrn oder Frau Strauß regelrecht betteln. Die großen Unternehmen in Bayern gaben gern, was Strauß mit dem Geld machte, war ihnen egal. Und wenn die Zahlungen einmal stockten, wurden die Betreffenden höflichst an ihre Spendenbereitschaft erinnert.

Das Finanzgebaren des Imperiums FJS hat der ehemalige Ministerialbeamte Wilhelm Schlötterer in seinem Buch „Macht und Missbrauch" offengelegt. Am Ende war es nur konsequent, dass der heimliche Herrscher von Bayern dort 1978 auch Ministerpräsident wurde. Immer jedoch war er auch auf dem Sprung nach Bonn...

Dann eben König von Bayern!

Und dann kam sie doch noch, die große Chance, auf die er sein Leben lang gewartet hatte. Nach einem heftigem Schlagabtausch hinter den Kulissen stellte ihn die CDU/CSU bei der Bundestagswahl 1980 als Kandidaten auf.

Strauß reiste im Wahlkampf durch das Land und musste feststellen, dass sich von seinen Reden nur die Bayern wirklich mitreißen ließen. Nicht selten schlug ihm sogar regelrechter Hass entgegen. Das verletzte ihn – ein typisches Muster bei Menschen seines Charakters: Sie teilen viel aus, können aber so gut wie nichts einstecken.

Mit seiner derben Rhetorik, den vielen Skandalen und diplomatischen Alleingängen lieferte er ständig Steilvorlagen für seine Kritiker – beispielsweise mit dem Besuch des chilenischen Diktators Pinochet. „Wer aber glaubt, Strauß habe in Chile faschistische Tendenzen verfolgt oder auch nur gutgeheißen, irrt gewaltig“, urteilt Strauß-Biograf Werner Biermann. „Er pflegt nur seine politischen Kumpaneien mit allen möglichen Moskau-Feinden, ob sie nun in Chile oder in Portugal, bei den Militärs in Griechenland oder bei den alten Revolutionären in Peking zu finden sind.“

Linke wie der populistische Buchautor Bernt Engelmann warfen ihm überdies vor, er wäre aktiver Nazi gewesen – ausgerechnet Strauß, der sich selbst zum Widerstandskämpfer stilisiert hatte. Doch statt das Missverständnis in der Öffentlichkeit sachlich aufzuklären, kamen neue hinzu. Strauß habe – so die weder beweis- noch widerlegbare Behauptung – auf die Frage, ob er gegen Engelmann prozessiere, geantwortet: „Gegen Ratten oder Schmeißfliegen führt man keine Prozesse“. Natürlich dementierte er auch diese Äußerung später wieder. Strauß, der Verkannte.

Der Philosoph Nietzsche hat einmal behauptet, dass man nur mit der feinen mediterranen Küche, nicht aber mit deutscher Hausmannskost im Magen richtig denken könne. FJS war der lebende Gegenbeweis. Sein Lebtag aß er die deftige bayrische Küche, dazu trank er viel Bier. Und so wurde er immer korpulenter, bis er genau der untersetzte, bullige Typ war, den die Medienkarikaturen schon immer aus ihm gemacht hatten. Doch seiner Intelligenz und Wendigkeit schadete das nicht.

Durch sein ganzes Erscheinungsbild wirkte FJS wie ein Fels in der Brandung des Zeitgeschehens. Seine Gestik, das Hochziehen und Sackenlassen der Schultern, begleitet von einem Wippen in den Knien, verstärkte diesen Eindruck genauso wie seine deftige Rhetorik – alles schien für das Weltbild eines unerbittlichen Kämpfers zu stehen. Doch dieses Auftreten täuschte. Einmal sagte er zu einem SPD-Kollegen, er wäre lieber ein Playboy, – aber einer mit Niveau. Man hielt das natürlich für einen Scherz. Ein anderes Mal war der 52-jährige so gut wie entschlossen, seine Familie, seinen Ministerposten, seinen ganzen gesellschaftlichen Status quo für die Liebe zu einer 17-jährigen Teenagerin zu opfern. In Lederkluft holte er sie auf seinem Motorrad zu halsbrecherischen Touren ab. „Ich rede emotional, denke aber rational", sagte er hin und wieder über sich selbst. Doch das ist nur die halbe Wahrheit. Seine politische Strategie speiste sich auch aus den Emotionen seiner unverarbeiteten Jugend- und Kriegszeit: der Angst vor der bolschewistischen Revolution im Elternhaus und den Kriegserlebnissen in Russland.

Nach der Niederlage in der Kanzlerkandidatur gegen Helmut Schmidt zog sich Strauß endgültig nach Bayern zurück. CSU-Vorsitzender war er ohnehin schon seit 1961, nun wurde er auch noch bayrischer Ministerpräsident und blieb es – bis zu seinem Tod. Bald schaltete und waltete er in Bayern wie ein absolutistischer Herrscher, von dort aus betrieb er auch seine eigene „Weltpolitik". So nutzte er seine weltweiten Kontakte, um Waffenhändlern wie seinem alten Freund Karl-Heinz Schreiber überall auf der Welt die Türen der Macht zu öffnen. Da ihm niemand widersprach, redete er sich in eine Welt der Intrige hinein: Alle – außer seinem Netzwerk von Kameraden, Freunden und Kollegen – hätten kein anderes Ziel, als ihn – den Besten – zu stoppen. Während er schon seit den 50er-Jahren Zuwendungen, etwa die 5000 DM monatlich zur „persönlichen politischen Disposition" von der „Volkswirtschaftlichen Gesellschaft", einem bayrischen Industrieverein, bekam, schöpfte er doch erst richtig aus dem Vollen in den Jahren als bayrischer Ministerpräsident. Allein vom Bauer-Versand erhielt er jährlich bis zu 300 000 DM als „Testamentsvollstrecker". Und solche Quellen hatte er nach Auskunft seiner Parteifreunde zuhauf. Dass er als Landesvater gar keine gewerblichen Nebeneinkünfte haben durfte, das kümmerte ihn wenig.

Das Vermögen, das er schließlich seinen drei Kindern hinterließ, wird auf einen mindestens zweistelligen, sehr wahrscheinlich jedoch einen dreistelligen Millionenbetrag geschätzt. Woher stammt diese gewaltige Summe?

So viel Journalisten auch recherchierten und Fakten sammelten, der *Spiegel* konnte Strauß Zeit seines Lebens nie wirklich beweisen, dass er korrupt war. Allerdings hatte das Münchener Landgericht schon 1964 festgestellt: „Es kann keinem Zweifel unterliegen, dass an ihm (Strauß) der Geruch der Korruption anhaftet."

All die Ungereimtheiten in Strauß' Finanzgebaren listet der mutige Wilhelm Schlötterer auf und resümiert: „Aufgrund dieser Umstände besteht der dringende Verdacht, dass F.-J. Strauß sich ein gewaltiges Vermögen geschaffen hat, das er nicht aus seinen Amts- und Abgeordnetenbezügen und im Rahmen der Gesetze erwirtschaftet haben kann."

Doch wie konnte dies in einer Demokratie geschehen? Und ist der Fall FJS auch heute noch so verworren, dass nicht einmal höchste Stellen wie der Bundesgerichtshof in der Lage sind, Licht in das Dunkel der Vermutungen, Vorwürfe und zurückgehaltenen Informationen zu bringen?

Allein der Hinweis auf den Schutz der Privatsphäre bei einer Person, die 43 Jahre lang ununterbrochen öffentliche Ämter bekleidete – wie soll man dies einer 10. Schulklasse im Fach Sozialkunde vermitteln?

Für Außenstehende undurchschaubar blieb auch FJS' ganz eigene Außenpolitik, die er als bayrischer Landesvater hartnäckig betrieb: Er bekämpfte den Ostblock wie das Böse – und unterhielt doch gute Kontakte zu einzelnen Machthabern wie Todor Schiwkoff in Bulgarien oder später Erich Honecker und Co. und zum DDR-Devisenbeschaffer Alexander Schalck-Golodkowski. Das Tragische daran: Der von Strauß vermittelte Milliardenkredit stabilisierte die marode DDR noch für einige Jahre, und wurde so zu einem der Gründe, warum FJS das Ende der DDR nicht mehr erleben sollte. Er war der erste deutsche Politiker, der von Mao Tse-Tung empfangen wurde – übrigens sehr zum Ärger des damaligen Bundeskanzlers Helmut Schmidt. Er war ein Freund des Apartheidregimes in Südafrika, nutzte aber seine Kontakte, um für Nelson Mandela einzutreten.

FJS holte stets das Optimum heraus: aus einer Situation, aus dem Land und vor allem aus sich und für sich selbst. Deshalb konfrontieren uns sein Leben und Werk auf unbequemste Weise mit dem Dilemma der politischen Moral. Was erwarten wir von unseren Volksvertretern vorrangig: Erfolg oder Political Correctness? Den Erfolg eines FJS mit der Sensibilität eines Björn Engholm gibt es allenfalls im Kino.

Das Ende kam dann im Herbst 1988 genauso plötzlich und abrupt wie sein Aufstieg, seine Triumphe und Niederlagen. Wenige Tage nach einem Beinaheabsturz mit seinem von ihm selbst geflogenen Düsenjet (Sturzflug und Druckabfall in der Kabine), nach endlosen Terminen und Feiern, brach er bei der Hirschjagd seines Freundes von Thurn und Taxis zusammen: vorübergehender Herzstillstand. Noch zwei Tage wurde er im künstlichen Koma gehalten, dann starb der politische Titan. In einer Art Staatsbegräbnis wurde der ungekrönte König von Bayern zu Grabe getragen und wurde fortan zu einer Art politischem Heiligen, dessen Bild man bei den Parteitagen überlebensgroß in die Hallen einblendete.

FJS wurden 21 Orden und sieben Ehrendoktorwürden verliehen, nach ihm wurden Straßen, Brücken, Schulen, eine Kaserne und der Münchener Flughafen benannt – zu Recht oder zu Unrecht? Und wofür stand, wofür steht dieser Politiker am Ende?

CSU-Anhänger antworten gemeinhin: Für ein starkes Bayern, für den Kampf um ein vereintes, marktwirtschaftliches Deutschland, für den Kampf um eine freie Welt.

Gekämpft hat er für diese Werte, jedoch ohne sich selbst immer daran zu halten. Er war ein Pragmatiker erster Güte. Machiavelli hätte seine Freude an ihm gehabt. Bis auf die Macht, die liebte er um ihrer selbst willen. Denn der Junge aus dem Metzgerladen in der Schellingstrasse wollte vor allem ein mächtiger Mann sein, der allen zeigen konnte, wo es langgeht.

Uns hingegen konfrontiert er mit der Frage, wie es um unsere weltlichen Ambitionen steht? Doch selbst wenn wir uns dem Optimierungszwang verschrieben haben, was dem augenblicklichen Lifestyle entspricht, – im Vergleich zu Franz-Joseph Strauß sehen wir recht blass aus.

Bleibt schließlich die Frage nach seinem historischen Vermächtnis und seiner Mission „Sicherheit durch Abschreckung". Der kalte Krieger Strauß repräsentiert den „ideologisch zentrierten Skandalpolitiker" – so der Soziologe Heinz Bude: „Überzeugt von seiner ‚geschichtlichen Aufgabe' tat er das, was er für notwendig hielt. Und dazu gehörte die Förderung von Sympathisanten durch Ämterpatronage und öffentliche Aufträge, die Umgehung von Gesetzen und die verdeckte Beeinflussung öffentlicher Entscheidungen." Sicherer wurde die Welt nicht durch den „Kalten Krieg", sondern erst mit der Entspannungspolitik, die vor allem von Gustav Heinemann und Willy Brandt initiiert wurde. Vielleicht hatte sein alter Weggefährte Friedrich Zimmermann diese Wertung vor Augen, als er nach Strauß' Tod Bilanz zog: „Er war ein Genie. Und er ist gescheitert."

Woher kommt nur der ganze Hass?
Ulrike Meinhof

(1934–1976)

1968. Um gegen den Krieg der Amerikaner in Vietnam zu protestieren, verüben Gudrun Ensslin und Andreas Baader einen Brandanschlag auf ein Frankfurter Warenhaus. Die bekannte linke Journalistin Ulrike Meinhof nimmt die Berichterstattung über den Prozess gegen die beiden Attentäter zum Anlass, um in der Zeitschrift *konkret* höchst differenziert über politische Gewalt zu reflektieren. Das Vernichten von Waren und Warenhäusern – so analysiert sie dabei – sabotiere eben nicht den kapitalistischen Verwertungsprozess, nein, es beschleunige ihn sogar. Die Dinge, für sinnlosen Konsum produziert, müssen gar nicht erst einen Käufer finden, sondern werden sofort wieder vernichtet. So funktioniere der Ware-Geld-Kreislauf sogar noch schneller – für den Gewinnausfall haftet die Versicherung.

Zwar gibt sie Fritz Teufel recht, der sagte: „Es ist immer noch besser ein Warenhaus anzuzünden, als ein Warenhaus zu betreiben." Denn der Gesetzesbruch gegen Kapitalisten, die legal ausbeuten, habe ein progressives Moment. Doch ihrer Meinung nach genüge dieser nicht, um sich dem hohen Risiko auszusetzen, erwischt und hart bestraft zu werden. Deshalb kommt sie letztlich zu dem Schluss: Die Brandstiftung sei „eine Sache, für die Nachahmung ... nicht empfohlen werden kann".

Doch keine zwei Jahre später setzte sie sich selbst einem noch viel größeren Risiko aus, indem sie die Befreiung des inzwischen zu einer Gefängnisstrafe verurteilten Andreas Baader mitorganisierte und ausführte. Durch diese Aktion, bei der ein Bibliotheksangestellter angeschossen wurde, geriet sie auf den Weg in den Untergrund, aus dem es kein Zurück für sie geben sollte.

Obwohl Ulrike Meinhof bei dieser Aktion keine Waffe trug, also nicht geschossen haben konnte, wurde die kurz darauf anlaufende Fahndung auf ihre Person zugeschnitten:

„Mordversuch in Berlin. 10 000 DM Belohnung! Gesucht wird Ulrike Meinhof: 35 Jahre alt, 165 cm groß, schlank, längliches Gesicht, langes, mittelbraunes Haar, braune Augen…"

Gerade noch hatte sie das Dilemma der gewalttätigen Aktion so gut analysiert – warum ging sie wider besseres Wissen dann genau diesen Weg?

Das ist nur eine der bis heute ungelösten Fragen zum Leben der Ulrike Marie Meinhof, deren Wirken wie bei kaum jemand anderem in dieser Zeit mit so viel Hass verbunden ist.

Spätestens in der letzten Phase ihres Lebens hasste sie die gesamte Regierungs-, Wirtschafts- und Kulturelite des Landes, in dem sie aufgewachsen war und gelebt hatte – das von ihr zusammenfassend genannte „Schweinesystem". Aber Hass schlug auch ihr entgegen. Von der Boulevardpresse aufgestachelt, wäre so mancher nur allzu bereit gewesen, sie zum Tode zu verurteilen und Hand an sie zu legen. Zum Schluss hatten sich selbst die RAF-Genossen von ihr abgewendet.

Und mit ihrem rätselhaften Tod sollte diese unbequeme Geschichte noch lange nicht vorbei sein. Doch begonnen hat sie, wie die meisten Hassbeziehungen, mit tiefen Verletzungen.

Ulrike war gerade sechs Jahre alt, ihre ältere Schwester Wienke neun, als sie den Vater verloren – den Kunsthistoriker Werner Meinhof. Meist wird er als bildungsbürgerlicher Widerständler dargestellt, Ulrike Meinhofs Biografin Jutta Ditfurth fand jedoch heraus, dass er tatsächlich mehr Mitläufer und Profiteur des NS-Regimes war. Die beiden sensiblen Mädchen reagierten auf die kleinen Zeichen des Terrors, die die Erwachsenen so beflissentlich zu übersehen gelernt hatten. So verteilten sie beispielsweise Nahrung an die KZ-Gefangenen, die ihr Haus passierten.

Die Mutter begann nach dem Krieg ebenfalls Kunstgeschichte zu studieren und freundete sich mit der Kommilitonin Renate Riemeck an, mit der sie zusammenzog. Als auch die Mutter starb, wurde Renate Riemeck die Adoptivmutter der 15-jährigen Ulrike. Zwischen beiden entwickelte sich ein sehr angespanntes Verhältnis – noch der 17-jährigen Ulrike schrieb sie vor, welche Freundinnen und vor allem welchen Freund sie haben durfte. Zeitweise wurde sie sogar in eine katholische Klosterschule geschickt, in der Nonnen ein strenges Regiment führten.

Trotz der Schicksalsschläge und Repressalien oder gerade deshalb, begann sich Ulrike früh zu wehren. Bereits in der Schule war sie Schülersprecherin, während des Studiums politische Aktivistin und dann Vorreiterin eines engagierten politischen Journalismus.

Die Bundesrepublik Deutschland Mitte der 1950er-Jahre indessen war ein fragiles Gebilde. Keine militärische Bedrohung sollte mehr von Deutschland ausgehen, man wollte nach Kriegsende auf ewig neutral bleiben. 10 Jahre später war das alles jedoch – wie Adenauer einmal seine gelegentlichen Wortbrüche abtat – „Geschwätz von gestern", verdrängt vom Wirtschaftswunder und dem Kalten Krieg.

Wir können uns heute nur noch schwerlich die Widersprüchlichkeit dieser Epoche vorstellen. Die Täter, die Mitläufer, die Weggucker und Weitermüsser, die Widerständler, die Opfer – alle lebten schweigend nebeneinander.

Sie konnten nebeneinander leben, weil sie über die Vergangenheit schwiegen. „Die Unfähigkeit zu trauern!" würden Margaret und Alexander Mitscherlich diese nationale Gefühlslage später nennen. Um dieses Schweigen aufrechtzuerhalten, hatte sich die junge Bundesrepublik in eine repressive Gesellschaft verwandelt.

Es genügt ein Blick auf eines dieser typischen Familienfotos jener Zeit: Frauen mit hochtoupiertem Haar in streng sitzenden Kostümen, Männer, die von ihrer Krawatte erdrosselt zu werden drohen, Jungen mit „Pottschnitt" in Knickerbockerhosen und Mädchen im Petticoat – das Dauerlächeln sollte die Angststarre übertünchen.

Diese das gesamte gesellschaftliche Leben betreffenden Konventionen waren jedoch sehr zerbrechlich: Erste Jugendrebellionen, ja selbst eine einzige Frage konnte diesen innergesellschaftlichen Burgfrieden beenden.

Nicht erst 1968, schon Ende der 1950er-Jahre kamen die ersten politischen Proteste hinzu.

Während Ulrike Meinhof ab Herbst 1955 erst in Marburg, dann in Münster Philosophie, Pädagogik, Soziologie und Germanistik studierte, engagierte sie sich zunächst noch für eine evangelische Studentenorganisation, ab 1957 für den SDS (Sozialistischen Deutschen Studentenbund). In diese Zeit fiel ein Vorhaben der Bundesregierung, das dazu führte, dass viele Deutsche, besonders Jugendliche politisiert wurden: Nicht genug damit, dass sich die Bundesrepublik wider alle Beteuerungen wiederbewaffnet hatte. Bundeskanzler Adenauer und sein Verteidigungsminister Strauß wollten Atomwaffen für die Bundeswehr. 13 Jahre nach Kriegsende und den Atombomben-Abwürfen in Hiroshima und Nagasaki wollte die Bundesrepublik auch beim größten Sündenfall der Menschheit mitmachen – der „Bombe". Die erste große Aktion, die Ulrike Meinhof mitorganisierte und das erste große Forum, dessen Sprecherin sie wurde, war der „Anti-Atomtod-Ausschuss". Elitär war ihr Engagement damals nicht, denn laut einer Umfrage waren im April 1958 in Westdeutschland 52 Prozent der Erwachsenen für einen Streik, um eine atomare Bewaffnung der Bundeswehr abzuwenden. Adenauer und Strauß machten daraufhin einen Rückzieher.

Aber das war nicht das einzige Thema, das Ulrike Meinhof in den nächsten Jahren umtreiben sollte. Da waren: die unbewältigte NS-Zeit, der ungerechte Krieg der Amerikaner in Vietnam, der Versuch der Bundesregierung, Notstandsgesetze zu verabschieden.

Über ihre Aktionen lernte sie Mitglieder der seit 1956 in Westdeutschland verbotenen KPD kennen und trat dieser 1958 bei. Obwohl die Partei nahezu bedeutungslos war, war sie damals dennoch verboten worden. Es war mehr ein symbolischer Akt im eskalierenden Kalten Krieg. Auf diese Weise drängte man jedoch die wenigen überzeugten Kommunisten erneut in die Illegalität und in die Arme der SED. Denn die KPD wurde daraufhin von Ostberlin aus finanziert und gesteuert.

Von 1959 bis 1969 schrieb Ulrike Meinhof für die Zeitschrift *konkret*, die in dieser Zeit von einem kleinen linken Studentenblatt zum zentralen

Diskussionsforum der beginnenden Außerparlamentarischen Opposition mutierte.

Seit der Wende bestätigen dann Stasi-Unterlagen, was immer einmal wieder als Gerücht umging: Die DDR hatte nicht nur die KPD, sondern auch *konkret* finanziell unterstützt und personell gesteuert. Es waren auch ostdeutsche Genossen, die Ulrike Meinhof die Stelle als Redakteurin, später dann als Chefredakteurin bei *konkret* anboten.

Heißt das jedoch automatisch: Die Botschaften der Zeitschrift waren billige Propaganda, bestellte Manipulation?

Wer die Beiträge von Ulrike Meinhof liest, der spürt auch nach über 40 Jahren, welches Herzblut da hineinfloss. Ob zu Notstandsgesetzen, Mauerbau, Tarifstreit oder Franz-Joseph Strauß: In klarem, konzentriertem Stil analysiert sie die bundesdeutsche Realität scharf und bezieht Stellung zu antidemokratischen und unsozialen Zuständen.

So attestierte sie der Regierung bereits 1960 den Hang, demokratische Spielregeln zu unterwandern: „Anstatt zur Erhaltung der Demokratie einer Politik krisenfester Machart das Wort zu reden, ohne Experimente wie Atomrüstung und Notstandsgesetzgebung – man begreife die Dialektik – wird die Krise herausgefordert und zum Wohl der Regierung, zum Schaden des Volkes durch Terror saniert."

Doch noch glaube sie an die Macht der Aufklärung und die Reformierbarkeit der SPD. Und persönlich sah es während dieser Phase manchmal so aus, als könne sie all die Ideale ihres Lebens unter einen Hut bekommen: politisches Engagement, Arbeit als Redakteurin bei *konkret*, seit Januar 1960 sogar als Chefredakteurin, und ihre neue Liebe. Ausgerechnet in den arroganten *konkret*-Herausgeber Klaus Rainer Röhl hatte sie sich verliebt – sie, die messerscharfe Analytikerin. 1961 heirateten die beiden, ein dreiviertel Jahr später brachte Ulrike Meinhof die Zwillinge Regine und Bettina zur Welt.

Alles schien gut zu werden. Sie entwickelte sogar kurzzeitig einen Hang zur „Gemütlichkeit", erinnert sich der Schriftsteller und Chronist Peter Rühmkorf: „Sie begann sich bürgerlich einzurichten, auf propere Weise kleinbürgerlich, würde ich sagen ... Dann fragte sie uns, wir fielen beinahe vom Sessel, nach Antiquitätengeschäften."

Doch kurze Zeit darauf zerbrach diese schöne Welt auch schon wieder – Stück für Stück. 1964 stellte Ostberlin die Finanzierung von *konkret* ein.

Um das Blatt zu retten, trimmte Röhl es um auf „Sex und Politik – die neue Salonlinke". Ulrike Meinhofs Kritik an den bundesdeutschen Verhältnissen wurde dagegen immer radikaler. Schonungslos rechnete sie mit der SPD ab, als diese 1966 eine große Koalition mit der CDU einging: „Alle Hoffnungen, die sich in diesen Jahren an die SPD knüpften, waren Selbsttäuschungen ... Die SPD hat sieben Jahre lang auf die große Koalition hingearbeitet, und daß ihr erst jetzt die Chance in den Schoß fiel, ist nicht ihre Schuld. Sie wollte sich prostituieren, was ist dabei, daß sie es endlich tut? Das Erstaunliche ist, daß sie es in einem Moment tut, in dem das Gewerbe nichts mehr einbringt."

Ulrike Meinhof blieb zwar Kolumnistin der Zeitschrift, verlagerte aber ihren Schwerpunkt auf die freie Mitarbeit in Rundfunk und Fernsehen. Während der Schwangerschaft bekam sie heftige Kopfschmerzen. Eine Geschwulst wurde in ihrem Hirn festgestellt, die sich bei der operativen Entfernung zwar als gutartig herausstellte, aber in gewisser Weise so etwas wie eine körperlich sichtbar gewordene Verletzlichkeit darstellte.

Nach außen wurde sie der Star einer linken Hamburger Schickeria, die sich in den schicken Vorortvillen und im Sommer auf Sylt traf. Doch hinter dieser Fassade wurde Ulrike Meinhof immer unzufriedener mit ihrer persönlichen, gesellschaftlichen und politischen Situation. Sie wollte dem Dilemma der linken Schickeria entgehen: radikal reden und elegant-bürgerlich leben. Sie wollte Ernst machen mit der Kritik. In ihren Artikeln nannte sie immer wieder „Ross und Reiter", mehrmals wurde sie von Franz-Joseph Strauß deswegen juristisch belangt.

Als Intellektuelle stellte sie schließlich das gerade entstehende linke Establishment infrage. Beim dort so beliebten Diskussionsresümee „Man muss etwas tun!" beließ sie es nicht, sondern fügte stets die unbequeme Frage hinzu: „Was tun wir?"

Auch in ihrer Arbeit suchte sie neue Ansätze. Als Schriftstellerin und Journalistin widmete sie sich der Situation von Heimkindern, versuchte, die wahrhaft Ausgebeuteten und Unterdrückten zu politisieren.

Nach der Geburt ihrer Zwillinge musste sie schließlich feststellen, dass ihr Mann sich nicht an ihre Absprachen hielt und sie immer dreister betrog. Als er seine neue Geliebte – aus dem Kreis der gemeinsamen Bekannten – sogar zu Feiern als Begleiterin mitbrachte, war der Gipfel der Erniedrigung erreicht. Anfang 1968 zog Ulrike Meinhof einen Schlussstrich unter ihr bisheriges Leben – und siedelte mit ihren Kindern nach Berlin über.

Heilige Johanna oder zynisch-linke Rabenmutter?

Warum und auf welche Weise Ulrike Meinhof in den bewaffneten Kampf gezogen wurde, dazu gibt es völlig unterschiedliche Sichtweisen. Wie unterschiedlich, das bezeugen die beiden wichtigsten publizierten Meinhof-Biografien, die eine von Jutta Ditfurth, die andere von Ulrike Meinhofs Tochter Bettina Röhl. Der Leser mag kaum glauben, dass es sich darin um ein und dieselbe Person handelt.

Die feministisch-radikalökologische Ditfurth hat für ihre Biografie viele neue Quellen erschlossen. Ein Großteil davon bleibt allerdings anonym, weil Ditfurth glaubt, diese vor juristischen Nachstellungen schützen zu müssen. Für sie ist Ulrike Meinhof vor allem eine sensible Zeitgenossin und mutige Vorkämpferin, die letztlich Opfer der Verhältnisse wurde.

Ihre Meinhof-Geschichte ist die einer verletzenden Kindheit und Jugend, in der die Protagonistin es schafft, die eigene Verletzbarkeit in Stärke zu verwandeln: Sie, die genauer hinsah als andere, fühlte mit, wurde eine engagierte Journalistin und politische Aktivistin. Dann jedoch erreichte das Verletztwerden in der Ehe mit Röhl ein neues Stadium. Ditfurth schildert Röhl als Prototyp des Salonsozialisten: Er lebte auf großem Fuß, während er für seine Zielgruppen Minimalforderungen stellte, fuhr mit seinem Sportcoupé zu Demo oder Diskussionsveranstaltung und schaffte es immer wieder, unter den Hübschesten der emanzipierten Frauen die zu begeistern, die eigentlich dachten, Machos zu hassen.

Als Ulrike Meinhof Röhl verließ und nach Berlin zog, fand dort die persönlich erlittene Verletzung ihre politische Entsprechung in einem repressiven Staat, der alle Versuche der entstehenden APO, Kultur und Politik der Bundesrepublik zu entstauben, mit Einschüchterungen und Polizeigewalt beantwortete.

Als dann ein Bauarbeiter – angestachelt von der Boulevardpresse – ein Attentat auf Rudi Dutschke verübte, war Ulrike Meinhof nicht nur zutiefst geschockt, sondern zog die radikale Konsequenz: Gewalt lässt sich nur mit Gegengewalt bekämpfen.

Nach der Baader-Befreiung dann der Weg in den Untergrund und die weitere Radikalisierung: Ulrike Meinhof wurde nun steckbrieflich als Verbrecherin gesucht. Sie musste untertauchen, das Sorgerecht für ihre Kinder wurde ihr im Eilverfahren entzogen. Zu diesem Zeitpunkt kappte sie alle Verbindungen zur Gesellschaft: „Und natürlich kann geschossen werden!"

Oder verhielt sich alles doch ganz anders? Das sieht zumindest eine so, die unmittelbar betroffen ist – Bettina Röhl, ihre Tochter. Diese rechnet mit ihrer Mutter ab und stützt sich dabei vor allem auf die umfangreichen Stasi-Akten, die es über das KPD-Mitglied Ulrike Meinhof sowie über die von Ostberlin finanzierte und gelenkte Zeitschrift *konkret* gibt.

War sie also weniger eine heilige Johanna, sondern mehr eine berechnende Frau, die vor allem ihre politische Selbstverwirklichung vorantrieb? Schon damals konnte Ulrike Meinhof es offensichtlich mit sich vereinbaren, von Ostberlin finanziert und gelenkt zu werden und hin und wieder DDR-kritische Beiträge zu platzieren, damit die geheimen Abhängigkeiten nicht zu offensichtlich wurden.

Während sich Ulrike Meinhof in ihrer journalistischen Arbeit um stark benachteiligte Heimkinder kümmerte – bei diesem Engagement traf sie immer häufiger auf Ensslin und Baader, die mit dieser Sozialarbeit ihre Haftzeit sinnvoll nutzten –, überließ sie gleichzeitig ihre eigenen Kinder der Aufsicht ihrer Wohngemeinschaft oder den gerade entstehenden Kinderläden.

War es deshalb nicht doch ein Zeichen von Verantwortung, wenn K. R. Röhl Ulrike Meinhof das Sorgerecht für die Zwillinge 1970 per Gerichtsbeschluss entziehen ließ. Immerhin lebte sie zu dieser Zeit bereits im Untergrund, wo sie sich gar nicht um Kinder kümmern konnte.

Ulrike Meinhof versuchte durch eine Entführung, die Kinder vor dem Zugriff des „bösen" Röhl und einer Erziehung im bürgerlichen Blankenese zu bewahren. Während sie eine Ausbildung zur Guerillakämpferin in Jordanien absolvierte, sollten die Kinder in ein palästinensisches Waisenheim in der Nähe von Amman gebracht werden, wo sie zu Revolutionären heranwachsen sollten. Doch die Entführung endete in einem Hippiecamp in Sizilien, worauf Stefan Aust und Peter Homann Freunde von Röhl die Kinder wiederum entführten und über Umwege nach Hamburg brachten.

Und schließlich die Bewertung von Meinhofs politischer Radikalisierung, ihre Hinwendung zur politischen Gewalt: War diese womöglich auch weniger ein Getriebenwerden als eine bewusste Entscheidung?

Schon ein halbes Jahr vor dem anfangs erwähnten Artikel über den Kaufhaus-Brandstifter-Prozess zog sie die vernichtende Bilanz aus 10 Jahren Widerstand gegen die „Notstandsgesetze“: „Wir haben das Grundgesetz hochgehalten, anstatt dafür zu sorgen, daß die sozial-ökonomischen Voraussetzungen zur Erhaltung und Ausweitung dieser Demokratie geschaffen würden. Wir haben gegen die Notstandsgesetze argumentiert, anstatt gegen die Macht der Konzerne zu kämpfen...“

Bei der Auseinandersetzung mit der Kaufhausbrandstiftung wird dann vollends deutlich, dass sie spätestens ab 1968 Gewalt als Handlungsoption begriff. Der zentrale Satz der Analyse, der so nur Ende der 1960er-Jahre veröffentlicht werden konnte, lautet: „Und so desperat es auch immer sein mag, ein Warenhaus anzuzünden, dies, daß die Brandstifter mit den Produkten tun, was sie wollen, das Gesetz brechen, das nur den sog. Eigentümern erlaubt, mit ihrem Eigentum zu machen, was sie wollen, das Gesetz brechen, das die Logik der Akkumulation schützt, nicht aber die Menschen vor der Logik und ihren barbarischen Folgen, dieser Gesetzesbruch ist das progressive Moment einer Warenhausbrandstiftung, muß als solches erkannt und anerkannt werden, wird dadurch nicht ausgelöscht, daß die damit zusammenhängende Gütervernichtung eher systemerhaltend ist, materiell also der antikapitalistischen Intention widerspricht.“

Völlig verklausuliert schreibt sie schon hier: Der Gesetzesbruch ist legitim und fortschrittlich, wenn er sich gegen ein System wendet, das den Eigentümern an Produktionsmitteln erlaubt, legal Gesetze der Menschlichkeit zu brechen. Vor allem spürt man zwischen den Zeilen bereits den Hunger nach Taten, nach der politischen Aktion.

Und deshalb sah sie – wie sie etwas später für *konkret* schrieb – in den gewaltsamen Demonstrationen, die auf das Dutschke-Attentat 1968 folgten, eine notwendige neue Stufe des politischen Kampfes. Denn die rein verbale Kritik war wirkungslos geblieben, konnte die Gewalt gegen Dutschke nicht verhindern: „Protest ist, wenn ich sage, das und das paßt mir nicht. Widerstand ist, wenn ich dafür sorge, daß das, was mir nicht paßt, nicht mehr geschieht." Was folgte, war nur noch ein kleiner Schritt … Mit der Befreiung des inhaftierten Andreas Baader hatte die Gruppe nun den Weg in den Untergrund eingeschlagen. Aber wie sollte es weitergehen?

Ulrike Meinhof gelang es, die DDR-Führung davon zu überzeugen, die neue „Stadtguerilla" zu unterstützen. So konnten im Juni 1970 knapp 20 Gesinnungsgenossen mit jordanischen Pässen in die DDR einreisen und vom Flughafen Schönefeld aus nach Amman fliegen, um in einem Ausbildungslager der PLO den Umgang mit Waffen zu erlernen. Für die Meinhof-Tochter und -Biografin Bettina Röhl schweißte sich die „Revoluzzerformation mit freundlicher Unterstützung der DDR" dort zu einer Kohorte mit überstarkem Freund-Feind-Bild unter Führung der Oberrevolutionäre Baader, Ensslin und Mahler zusammen. Nur Ulrikes zeitweiliger Lebensgefährte Peter Homann bewahrte sich damals noch eine klare Sicht der Dinge: „Für Homann, der fast zwei Jahre lang mit Ulrike Meinhof zusammengelebt hatte, war das Verhalten der Gruppe und insbesondere das der Frau, deren Kinder er versorgt hatte, unfassbar. Er fragte sich, ob sie noch Herr ihrer Sinne und Entscheidungen war, oder nur noch eine willenlose Marionette von Ensslin und Baader."

Weil er seine Meinung auch kundtat, wurde er von der Gruppe in einem „Volksgericht" als Verräter gebrandmarkt. Doch als der Lagerleiter Abu Hassan erfuhr, dass Baader und Ensslin Homann liquidieren wollten, trennte er Homann von der Gruppe und ermöglichte ihm die Heimreise.

Waffenkundig kehrte nach rund drei Monaten Ausbildung auch der Rest der Gruppe nach Westberlin zurück. Was sie nicht hatte, war indessen ein tragfähiges politisches Konzept.

Wie auch immer sich Ulrike Meinhof, Gudrun Ensslin und Andreas Baader den bewaffneten Kampf der Stadtguerilla vorgestellt hatten – sicherlich nicht so, wie er dann tatsächlich ablief. Das Leben im Untergrund war nämlich vor allem durch Existenzsicherung gekennzeichnet.

Etliche Banküberfälle waren nötig, um an Bargeld und Devisen zu gelangen, gefälschte Papiere mussten beschafft, immer neue Wohnungen angemietet oder zumindest Unterschlupf bei loyalen Genossen organisiert werden.

All diese Dinge hielten die Gruppe so in Atem, dass sie nach zwei Jahren in der Illegalität immer noch keine politische Aktion realisiert hatte.

Das änderte sich erst, als Ulrike Meinhof eine Möglichkeit erkundete, an Sprengstoff zu kommen, und die Gruppe Anfang April 1972 in das Depot eines hessischen Steinbruch-Unternehmens einbrach.

In den folgenden Monaten war Ulrike Meinhof an fünf Sprengstoffanschlägen beteiligt, die gegen Einrichtungen der US-Armee und der deutschen Justiz sowie gegen die Zeitungsredaktionen des Springer-Konzerns gerichtet waren. Neben großem Sachschaden wurden dabei vier Menschen getötet und über 50 verletzt.

Doch noch immer entsprach Ulrike Meinhof nicht der allgemeinen Vorstellung einer kriminellen Terroristin. In den von ihr verfassten Kommando-Erklärungen begründete sie nicht nur, warum ihre Gruppe bestimmte Ziele ausgewählt hatte, sondern auch den ihrer Überzeugung nach notwendigen Einsatz von Gewalt: Es waren ja gerade die Amerikaner, die als erste und mit unvergleichbar mehr Gewalt in Vietnam ganze Siedlungen und Urwälder zerstörten. Und es waren die deutsche Justiz und die deutsche Boulevardpresse, die mit ihren heftigen Reaktionen auf die Studentenbewegung jedes andere Mittel des Protestes hatten stumpf werden lassen. Die „Stadtguerilla" – so argumentierte sie in ihren Kampfschriften – hatte den bewaffneten Kampf nur verlagert: aus der Dritten Welt in die BRD, Knecht des Kapitals und Statthalter des US-Imperialismus. Für diesen ausgemachten Feind fand sie auch den passenden Begriff: das „Schweinesystem"! Und auch für ihre Gruppe fand sie den Namen: Rote Armee Fraktion.

Aber Ulrike Meinhofs militanter Kampf währte nur kurz. Als sie Mitte Juni 1972 mit ihrem Mitstreiter Gerhard Müller versuchte, in der Wohnung eines angeblichen Sympathisanten in Hannover-Langenhagen unterzutauchen, informierte dieser die Polizei. Müller wurde in einer nahen Telefonzelle, Ulrike Meinhof in der Wohnung überwältigt.

Rache in Stammheim

Ulrike Meinhof wurde zunächst in dem leeren, ehemaligen Krankentrakt der Justizvollzugsanstalt Köln-Ossendorf untergebracht – für eine knapp acht Monate dauernde Isolationshaft. In ihre Zelle, die ganz weiß gestrichen war, drangen keinerlei Geräusche. Gleichzeitig ließ man das Neonlicht Tag und Nacht brennen und sorgte dafür, dass nur wenig Frischluft in die Zelle gelangte.

Der Anwalt und spätere Grünen-Bundestagsabgeordnete Hans-Christian Ströbele über die Haft: „Die Isolationshaft wird angewandt als Mittel, Gefangene gefügig zu machen. Wir Anwälte haben die Auswirkungen miterlebt, etwa bei Besuchen einer Mandantin, als sie körperlich und psychisch am Ende war. Ärzte haben in Gutachten später festgestellt, dass das auf die Haftbedingungen zurückzuführen war." Was mit Ulrike Meinhof – und auch mit den anderen RAF-Mitgliedern, aber vor allem mit ihr – in der Haft geschah, kann man unvoreingenommen und mit Abstand nur als völlig überzogene Rache des Staates bezeichnen. Inzwischen war die große Koalition durch eine sozialliberale Koalition abgelöst worden. Es waren die Regierungen von Willy Brandt und Helmut Schmidt, die so hart gegen Ulrike Meinhof vorgingen oder dies zumindest tolerierten.

Zu den wenigen, die Ulrike Meinhof während der Kölner Haftzeit besuchen durften, gehörten ihre beiden Kinder. Doch die fühlten sich von den Erwachsenen missbraucht, so Bettina Röhl: „Keine ganz leichte Aufgabe für Kinder, die üblicherweise von ihren Eltern getragen werden, eine einsitzende Meinhof in Stimmung zu bringen und mitzuerleben, wie sich alle Erwachsenen nicht nur bei dieser Gelegenheit ausschließlich um die Befindlichkeit der Gefangenen kümmerten und immer wieder versuchten, die Kinder der Gefangenen als eine Art Psychopharmakon zur Heilung der Inhaftierten heranzuziehen." Ulrike Meinhof sah ihre Kinder im Konflikt zwischen „Papa in Blankenese mit Porsche" und „Mama im Knast" und bat ihre Schwester Wienke und andere, die Zwillinge zu „RAF-Leuten" zu erziehen. Wollte sie sich damit ihre Zuneigung sichern? Anfang 1974 jedenfalls brach Ulrike Meinhof den Kontakt zu ihren Kindern ab. Genau zu diesem Zeitpunkt war Gudrun Ensslin nach Köln-Ossendorf verlegt worden. Wieder siegten die Erwartungen der „Gruppe“ über die persönlichen Bedürfnisse und Gefühle.

In der Haft entwickelte die RAF eine ganz eigene Gruppendynamik: Das Kollektiv zählte alles, der Einzelne – um dessen Befreiung von Ausbeutung und Unterdrückung es ursprünglich gegangen war – nichts. Trotz zeitweiliger Isolationshaft konnten die inhaftierten Gruppenmitglieder miteinander kommunizieren: Über Kassiber, die von Anwälten oder Angehörigen weitergeleitet wurden, entstand ein regelrechtes Kommunikationssystem, das alle mit Informationen versorgte. Doch selbst hier noch waren nicht alle gleichwertige Sender und Empfänger: Andreas Baader und Gudrun Ensslin avancierten zum Kopf des Kollektivs und gaben die Richtlinien vor – die „line“.

Hauptziel in der Haft wurde es, sich nicht brechen zu lassen, den Willen zum Widerstand aufrechtzuerhalten. Wie Gudrun Ensslin in einem ihrer Briefe formulierte: „Zieht den Trennungsstrich, jede Minute!“

Das hieß: Wer nicht für uns ist, ist gegen uns! Kein freundliches Wort zu Wärtern, den „Schließern“, oder unpolitischen Mitgefangenen. Einer der Anwälte berichtete Ulrike von den Gefangenen der italienischen „Brigate Rosse“ (Rote Brigaden), einer vergleichbaren Gruppierung. Die nutzten ihre Haft dazu, andere Gefangene zu politisieren. Davon wollten Meinhof und die anderen RAF-Häftlinge nichts wissen. Ihr Manko – den fehlenden Kontakt zur Arbeiterklasse und zu sozialen Randgruppen – sollten sie auch in der Haft nicht beheben. Stattdessen war „Zusammenlegung“ das Zauberwort. Einmal mehr ging es hauptsächlich um die Gruppe selbst.

Nach Hungerstreiks und zahlreichen Erkrankungen einzelner Gefangener wurde die Isolationshaft gelockert. Man brachte sie auf einer Etage im extra dafür gebauten Hochsicherheitstrakt von Stuttgart-Stammheim unter und schloss sie täglich gemeinsam um.

Doch was in der folgenden Zeit geschah, sieht mit etwas historischer Distanz wie eine Lektion der „Dialektik der Aufklärung“ aus: Die Verachtung, mit der die politischen Gegner sich gegenseitig behandelten, schlug auf sie selbst zurück.

Die Justiz setzte gezielt psychologische Mittel wie Einzel- und Gruppenisolation gegen die Rote Armee Fraktion ein. Doch Ulrike Meinhof und Co. wurden nicht zermürbt, sondern nur noch mehr zusammengeschweißt. Und die staatlichen Instanzen begriffen nicht, dass sie selbst psychologisch statt politisch reagierten. So wird für die Grüne Antje Vollmer die völlig überzogene Antwort des Staates auf den RAF-Terrorismus nur als Gründungsritual der sozialliberalen Regierung verständlich: Indem sich die SPD/FDP-Regierung als „wehrhafte Demokratie“ gegen den Feind „Rote-Armee-Fraktion“ behauptete, legitimierte sie ihre Regierungsgewalt. Mittlerweile hat sich der Umgang von demokratischen Regierungen mit Terror in der Qualität deutlich verändert. Das sieht man in Spanien nicht weniger als in Norwegen, wo sich im Sommer 2011 Volk und Regierung statt für Rache und Vergeltung fast geschlossen für mehr Offenheit und Demokratie aussprachen!

Währenddessen führte das „Zusammenschweißen“ der Stammheimgruppe dazu, dass die Gefangenen in einem regelrechten Psychodrama immer mehr Druck aufeinander ausübten: Bist Du wirklich ein echter Kämpfer oder hat sich der Feind in Deinen Kopf eingeschlichen? Auch Ulrike versuchte, sich endgültig „vom falschen, dem mist ... der scheiße“ zu befreien. Und dazu gehörten auch die „bürgerlichen Schuldgefühle“, die sie gegenüber ihren Töchtern hatte und die sie anscheinend nicht loswerden konnte. Voller ängstlicher Vorahnung schrieb sie: „ ...was ist, wenn das alte dominant wird – auch wenn man es nicht will.“

Stellte sie die eigenen Genossen und deren immer rigider werdendes Freund-Feind-Schema infrage? Bald sollte sich zeigen, dass die anderen RAF-Mitglieder in einer ganz anderen Liga der Empathielosigkeit spielten als Ulrike. Das gilt besonders für Gudrun Ensslin, die ebenfalls ihr Kind verlassen hatte. Zwischen den beiden Frauen nahm der Konflikt beständig an Schärfe zu.

Für die Öffentlichkeit wurde der Streit in der Gruppe erst im Januar 1976 erkennbar, als sich Ensslin, Baader und Raspe während des sogenannten Stammheim-Prozesses in einer gut 200 Seiten langen Erklärung zu ihren Bombenanschlägen bekannten – unter ausdrücklicher Ausnahme des Anschlags auf das Springer-Hochhaus, der hauptsächlich von Ulrike Meinhof organisiert und kommentiert worden war.

Waren es deshalb vor allem die eigenen Genossen, die Meinhof mit ihrem Verhalten in den Tod trieben? Oder führt ein Satz, der im März 1976 gefallen war, auf die wahre Spur? Ulrike beschwor damals ihre Schwester Wienke: „Wenn du hörst, ich hätte mich umgebracht, dann kannst du sicher sein, es war Mord!"

Fakt ist: Am Morgen des 9. Mai 1976 öffneten in der Justizvollzugsanstalt Stuttgart-Stammheim Justizbeamte die Zelle 719 und fanden Ulrike Meinhof leblos vor, anscheinend mit einem in Streifen geschnittenen und verknoteten Handtuch erhängt an einem Zellenfenster.

Selbstmord aus Verzweiflung wegen der heftigen Streitigkeiten innerhalb der Gruppe: Dieses Bild verbreiteten die Bundesanwaltschaft und die Baden-Württembergische Justiz schon wenige Stunden nach Meinhofs Tod. Zu diesem Zeitpunkt stand die Todesursache jedoch noch gar nicht offiziell fest. Zudem hatten schon während der Haftzeit Psychiater versucht, Meinhofs Verhalten mit ihrer Hirnoperation zu erklären, es psychiatrisch auszudeuten. Eingriffe in das menschliche Hirn können die Persönlichkeit ändern, demnach könnte Ulrikes hartes Verhalten eine Folgeerscheinung sein.

Biografin Ditfurth, die in ihrem Buch bis zu dieser Stelle nichts von den emotional erschöpfenden Auseinandersetzungen innerhalb der Gefangenengruppe schreibt, behauptet bezüglich der These des Bundesanwalts und der Medien, Meinhof und Ensslin hätten ihren heftigen Konflikt bereits zwei Monate vorher beigelegt.

Dagegen berichtet Peter-Jürgen Boock, Mitglied der zweiten RAF-Generation und späterer Aussteiger, in einem der geheimen „Infos" hätte der Gruppenkern Ulrikes Tod kalt kommentiert: Selbstmord wäre „das Beste, was sie mit ihrem verkorksten Leben noch machen konnte."

Während zwei Pathologen unabhängig voneinander zu dem Schluss kamen, dass es sich um Selbstmord handelte, kam die Unabhängige Kommission des „Internationalen Komitees zur Verteidigung Politischer Gefangener" zu dem gegenteiligen Ergebnis: „daß sich Ulrike Meinhof nicht selbst erhängen konnte, sondern, „daß sie bereits tot war, als man sie aufhängte, und daß es beunruhigende Indizien gibt, die auf das Eingreifen eines Dritten im Zusammenhang mit diesem Tode hinweisen."

Gerade ihr Tod – mehr noch als die ebenfalls nie ganz aufgeklärten Umstände des Ablebens von Ensslin, Baader und anderen ein Jahr später im „Deutschen Herbst" – trug endgültig zur Verklärung der Verhältnisse bei.

Was konnte man noch glauben?, fragten sich kritische Zeitgenossen.

Am Ende wurde die Kluft zwischen Staat und extremer Linker unüberbrückbar. Nach dem Hungerstreik mit Todesfolge von Holger Meins und dem umstrittenen Selbstmord Ulrike Meinhofs wäre jedes Einlenken der noch in Freiheit befindlichen oder der neu hinzugekommenen Mitglieder der Gruppe als Kapitulation gewertet worden. Die Terroristen der zweiten und dritten RAF-Generation gingen nun systematisch vor und suchten sich die Opfer ihrer Mordanschläge unter Staatsanwälten, Politikern und Wirtschaftsführern.

Was sie damit erreichten, war weniger, dem „faschistischen Staat die Maske zu entreißen", als ihn zu totalitären Reaktionen zu zwingen.

Die Logik der Gewalt führte jedenfalls nicht weiter. Zu dieser Einschätzung kam ein Großteil der Linken Anfang der 80er-Jahre. Die Linke setzte fortan auf die Friedensbewegung und machte dort weiter, wo Ulrike Meinhof im Kampf gegen Wiederbewaffnung und Atomwaffen aufgehört hatte, bevor sie radikal wurde.

Damit sich Gewaltverhältnisse nicht endlos fortentwickeln, bedarf es eines Versöhnungsrituals. Aber Selbstgerechtigkeit auf Regierungsseite und romantische Verklärungen aufseiten der RAF-Sympathisanten verhinderten diesen notwendigen Schritt immer wieder. Noch heute kommt es zu Protesten, wenn einzelne RAF-Häftlinge der zweiten Generation nach teilweise über 30 Jahren Haft begnadigt werden sollen.

Allein die Tatsache, dass bis heute so vieles über die RAF, aber vor allem über Ulrike Meinhof publiziert wird, zeigt, wie hochsensibel und kontrovers, also unbequem, ihr Leben und Wirken bleiben.

Ditfurth und Röhl – eine engagierte Biografin, die rund sechs Jahre lang Quellen sichtete und Zeitzeugen interviewte, sowie eine in jeder Hinsicht Betroffene, ihre eigene Tochter, die bis heute schockiert ist, wie die alten Genossen ihre Mutter verklären. Gibt es diesen widerstreitenden Ansichten überhaupt noch etwas hinzuzufügen?

Künftige Historiker mit mehr Distanz zur Zeitgeschichte werden immerhin besser Fragen beantworten können wie diese: Warum war es vor allem Ulrike Meinhof, die den Hass der Öffentlichkeit auf sich zog?

Eine mögliche Antwort könnte sein: Weil sie so gar nicht dem Klischee einer gewaltbereiten Terroristin entsprach. Die kluge, intellektuelle und mondäne Journalistin, die zur Leitfigur der radikalen Linken wurde, begründete auch als Terroristin noch wortreich, warum Gewalt nur mit Gewalt zu beantworten sei. Damit wurde sie zum erklärten Feind der ganzen Republik und schließlich ihrer eigenen Mitkämpfer.

Das linke Bürgertum schließlich schwankt bis heute in seiner Einstellung zu Ulrike Meinhof zwischen heimlicher Bewunderung, öffentlicher Ablehnung und uneingestandener Betroffenheit: Eine aus ihren Reihen stellte das filigrane Konstrukt aus kritischer Haltung und bürgerlichen Werten infrage, griff schließlich zur Gewalt und rief zum Kampf gegen den Staat auf! Konnten Erkenntnis und Einsicht sie nicht vor impulsivem Handeln schützen, das in so kurzer Zeit ein ganzes Leben ruinieren konnte?

Die unbequeme Antwort: Meinhofs engagiertes Leben, das viel zu kurz war, führt vor Augen, wie dünn und zerbrechlich die Grenze ist. Eine Grenze, die unsere bürgerlichen Sicherheiten von einem Mahlstrom aus Krisen, dem Wunsch nach Gerechtigkeit, von Gewalt und Gegengewalt, dem Untergrund, dem Rufen nach Vergeltung und frühzeitigem Tod trennt.

Dialektisch leben: Dissident Rudolf Bahro

(1935–1997)

Im Herbst 1978 lagen die bundesdeutschen Medien Rudolf Bahro regelrecht zu Füßen.

Noch ein Jahr zuvor war der studierte Philosoph und Arbeitsorganisator des VVB „Plast- und Elastverarbeitung" sowohl in der DDR wie auch in der BRD ein weitgehend Unbekannter. Dann erschien mithilfe westlicher Medien und Verlage im Westen sein Buch „Die Alternative" – die große Abrechnung mit dem real existierenden Sozialismus.

Als er dafür wegen Geheimnisverrats zu einer langen Freiheitsstrafe verurteilt und nach nur einem Jahr in den Westen abgeschoben wurde, kannten die Westmedien kein Halten mehr: Bahro auf allen Kanälen.

Doch was die Fotos in den Magazinen, die Fernsehinterviews und die öffentlichen Auftritte zeigten, wollte so gar nicht zu einer harten Dissidentenrolle passen. Denn zu sehen war ein kleiner, brav wirkender Mann im DDR-Outfit mit Scheitelfrisur und Brille, einem unschuldigen Kindergesicht und stetem, unverwechselbaren Lächeln.

Passen wollte auch nicht, was er sagte. Denn obwohl er das DDR-System in seiner Analyse „Die Alternative" scharf kritisiert hatte, distanzierte er sich nicht von der SED und bezeichnete sich weiterhin als Kommunisten. In einem Interview mit dem Spiegel äußerte er sich zu seiner künftigen Rolle zudem leicht größenwahnsinnig: Er sei gegangen, um der DDR die nötigen Reformschritte zu ermöglichen. „Ich möchte nicht im Wege sein beim Fortgang des Entwicklungsprozesses, den ich für den real existierenden Sozialismus entworfen habe." Außerdem habe er nicht vor, vom Westen aus die DDR zu kritisieren: „Wenn dort draufgeschlagen wird, verhärtet sich's nur."

Als die *Spiegel*-Mitarbeiter weiter fragten, ob er nun den real existierenden Kapitalismus verunsichern wolle, antwortete Bahro mit der „naiven Ernstlichkeit", die sein Markenzeichen werden sollte: „Ihre Frage verrät eine insgesamt zu schlichte Vorstellung von der Art, wie die weitere gesellschaftliche Entwicklung vor sich geht. Sie wissen, in meinem Buch bin ich davon ausgegangen, dass man ein Zusammenwirken..."

Nein, das wusste natürlich kaum jemand, denn die Leute hatten sein Buch zwar in kurzer Zeit 120 000 Mal gekauft, aber nicht zu Ende gelesen...

Anfangs wurde Bahro auch von den westdeutschen Politikern und Kulturkonservativen willkommen geheißen und hofiert. Doch als er sich weigerte, die DDR zu kritisieren, ließ man ihn fallen. Hinzu kam, dass Bahro sich eine neue politische Heimat gesucht hatte. Ihn zog es ins Zentrum der Alternativbewegung, wo er zum Mitbegründer der Grünen wurde. Doch auch dort manövrierte er sich schnell ins Abseits, wurde als Abweichler, ja als Verräter gebrandmarkt.

Ob bei der DDR-Führung, der bundesdeutschen Kultur- und Politikelite oder der bundesdeutschen Alternativbewegung – Bahro schaffte es, sich unbeliebt zu machen. Wie aber machte er das?

Bahro als Unbequemer par excellence

Wo beginnt das unverwechselbare Leben eines Individuums, wann stellt das Schicksal seine Weichen?

Rudolf Bahro wurde in die NS-Zeit hineingeboren – er kam 1935 in Niederschlesien zur Welt. Wie bei vielen anderen prägte der Krieg seine frühe Kindheit. Und wie so manch einer verlor der junge Rudolf in den Nachkriegswirren Mutter und Geschwister. Ab 1945 lebte er im Oderland bei seinem Vater, der einen Bauernhof bewirtschaftete. Lag in diesem frühen Verlust Bahros lebenslanger Antrieb, die ganze Welt zu retten?

Zunächst einmal fand sich der jugendliche Rudolf im ländlichen Raum des gerade entstehenden Sozialismus wieder: Vom Krieg zerstört, von den Sowjets demontiert, war der eher eine Notgeburt, eine, die ihren Grauschleier nie ganz verlieren sollte. Doch zunächst bemühten sich die Menschen, ein besseres Deutschland zu schaffen.

Rudolfs erste überlieferte Tat des Unangepassten: Er weigerte sich, bei den Pionieren mitzumachen, und auch der Freien Deutschen Jugend (FDJ) trat er nur sehr ungern bei. Jedoch: Ein geborener Antikommunist war er nicht – eher das Gegenteil. Immer stärker sollte er sich im Laufe seines Lebens zum Kommunisten entwickeln. Und dann hatte er wohl das, was wir heute „Hochbegabung" nennen. Bahro wollte daher gleich in der Erwachsenenliga mitspielen und mit 17 Jahren in die Sozialistische Einheitspartei Deutschland (SED) eintreten, – was ihm erst zwei endlose Jahre später gestattet wurde.

Der junge Bahro interessierte sich für alles – auch hegte er den bei Begabten typischen Wunsch, Universalgelehrter zu werden. Die meisten von ihnen lassen diese Absicht dann still und leise fallen, Bahro indessen nicht.

Von Jugend an hatte der selbst ernannte Stalinist auch noch eine romantische Ader: Ein Poet wollte er sein, einer, der mit Gedichten und einer universalen Formel die Welt retten wollte. Wie Hölderlin vielleicht. Doch er hatte das Pech, in die unromantischste aller Welten, die graue DDR hineingeboren zu werden. Oder doch kein Pech? Hat ihn genau das befeuert?

Sein Weggefährte Reinhard Spittler hat darauf hingewiesen, dass das Bahro'sche Ideal, einen Überblick über das Ganze zu gewinnen, nur noch in einem Land wie der DDR möglich war: „Ein solcher Universalgelehrter könnte heute einzig in einer geschlossenen Gesellschaft gedeihen."

Das hat Bahro später selbst einmal an einem Beispiel verdeutlicht: In der DDR habe er 400 Bücher, vier gute Freunde und spannende Auseinandersetzungen gehabt, in der BRD dagegen 400 Freunde, Zugang zu einer schier endlosen Zahl von Büchern und die ständige Angst, nicht auf dem Laufenden zu sein...

Außerdem eröffnete die DDR ihm – dem begabten Sohn eines Bauern – die Welt der Bildung: Er konnte problemlos das Abitur machen und an der Berliner Humboldt-Universität Philosophie studieren; das beinhaltete allerdings auch regelmäßige Ernteeinsätze und Betriebspraktika.

Was also steht am Anfang? Eine Mission oder einfach nur Geltungsdrang?

Obwohl Bahro schon in der Schulzeit Spinoza oder Thomas Müntzer und während des Studium von Hölderlin über die Klassik bis hin zu Feuchtwanger, Hermann Hesse und Johannes R. Becher alles gelesen hatte, war Bahro – so bekannte er später selbst – kein Humanist, sondern blieb überzeugter Leninist und Stalinist. (Deren harte Gangart rechtfertigte er immer als historisch notwendig). Wollte er damit schockieren oder Abbitte leisten an die menschliche Schwäche? Damals war es sicherlich Teil seines Drangs, ernst genommen zu werden, in die Welt der Erwachsenen vorzustoßen. Ja, er ließ sich sogar vorübergehend vom Ministerium für Staatssicherheit (MfS) anwerben, doch die Angelegenheit verlief mangels Brisanz im Sande – genauso wie die Überwachung von Bahro durch das MfS ab 1956.

Als sich im Februar 1956 Chruschtschow auf dem legendären 20. Parteitag der KPdSU zu den Verbrechen Stalins offen äußerte, ging eine Schockwelle durch die sozialistischen Bruderstaaten – in Ungarn und Polen kam es sogar zu Unruhen. Auch Bahro wollte seine Erschütterung zeigen und hängte eine Solidaritätserklärung an die Wandzeitung der Universität – korrekt mit seinem Namen unterzeichnet.

Daraufhin wurde er überwacht, doch das MfS war zu dieser Zeit einfach noch nicht der skrupellose und weitverzweigte Moloch späterer Jahre. Das beweisen nicht zuletzt die sensiblen Zeugnisse, die über Bahro erstellt wurden: „Begabt, belesen, aber oberflächlich. Stets extrem in seinen Anschauungen. Zuweilen ... voreilig, unbedacht. Stark entwickeltes Selbstbewußtsein, sehr überheblich ... Nach Aussagen anderer: Ich und Lenin, wir sind die größten ... Sehr plötzlichen und auffallenden Gesinnungswandels fähig ... Auch ausgeprägt karrieristische Züge an ihm erkennbar ...“

Nach zwei Jahren befand die Stasi: zu harmlos. Doch nicht nur die Stasi sollte sich in seinen sanften Charakter täuschen, der ihn wie den ewigen Konfirmanden erscheinen ließ.

Lange Zeit fand Bahro kein geeignetes Betätigungsfeld. Und überhaupt: Was macht ein Philosoph mit Hang zum großen Ganzen in einem erklärten Arbeiter- und Bauernstaat? Die Parteiführung schickte ihn aufs Land, nach Sachsendorf im Oderbruch. Mit der Dorfzeitung *Die Linie* sollte Bahro für den Aufbau des Sozialismus und den Beitritt der Bauern in die Landwirtschaftlichen Produktionsgenossenschaften (LPG) werben.

Das gelang ihm nur schwer, und so war er froh, als er 1960 an die Universität Greifswald wechseln konnte, um für die dortige Parteileitung die Zeitung *Unsere Universität* herauszugeben. Aber schon 1962 wechselte er in den Zentralvorstand der Gewerkschaft Wissenschaft in Berlin. Erst 1965 fand er eine angemessene Tätigkeit als stellvertretender Chefredakteur der Jugend- und Studentenzeitschrift *Forum*. Diskussionen anstoßen, Kontroversen ausrichten, Grenzen ausloten, das war schon eher nach seinem Geschmack. Die DDR in den späten fünfziger und frühen sechziger Jahren: Das waren nicht nur Apparatschiks, sondern auch eine Menge Idealisten und überzeugte Kämpfer, die ein besseres Deutschland aufbauen wollten. Mit dabei waren unter anderem Berthold Brecht (gestorben 1956), Ernst Bloch und Volker Braun. Doch als Bahro Brauns Stück „Kipper Paul Bauch" abdrucken ließ, hatte er die Grenze überschritten und war bei der Parteiführung unten durch. Er wurde abgeschoben – in die sozialistische Produktion, in den VVB „Gummi und Asbest", später VVB „Plast- und Elastverarbeitung" und weitere Betriebe der ostdeutschen Gummi- und Kunststoffindustrie.

Der stets korrekte, fleißige und wissbegierige Bahro arbeitete sich recht schnell in den Bereich Arbeitsorganisation ein. Dabei entdeckte er die große Rückständigkeit der DDR-Produktion – ihre gravierenden strukturellen Mängel. Als sich im Laufe des Jahres 1967 die ersten Vorboten des Prager Frühlings zeigten, wagte auch Bahro seinen nächsten Schritt. Er schrieb einen Brief an Walter Ulbricht – einen echten Bahro-Brief. Darin nannte er all die Dinge beim Namen, die so viele wussten, aber allenfalls im allerengsten Kreis zu äußern wagten. So forderte der kleine Bahro den großen Ulbricht auf, den Arbeitern mehr Verfügungsgewalt in den Betrieben einzuräumen.

Das war politisch gesehen reiner Selbstmord. Aber wie der Poet Bahro schon in einem seiner Gedichte postulierte: „Lernt: Man muß nicht überleben!"

Bahro überlebte, nicht jedoch der Prager Frühling, der mit ausdrücklicher Billigung der DDR-Führung niedergeschlagen wurde.

1972 begann Bahro mit der nebenberuflichen Arbeit an seiner Dissertation, die den Titel tragen sollte: „Voraussetzung und Maßstäbe der

Arbeitsgestaltung für wissenschaftlich ausgebildete Kader im industriellen Reproduktionsprozeß der entwickelten sozialistischen Gesellschaft. Eine theoretische Studie über die Freisetzung der subjektiven Antriebe zu schöpferischer wissenschaftlicher Arbeit im sozialistischen Industriebetrieb".

Übersetzt: Wie lassen sich die akademisch geschulten Führungskräfte in den sozialistischen Industriebetrieben so motivieren, dass sie Produkte und Produktionsabläufe verbessern helfen?

Bahro zielte damit genau auf das zentrale Dilemma der DDR. Ein großer Teil der offiziell vollbeschäftigten Bevölkerung hatte längst innerlich gekündigt und plante vor allem das Leben außerhalb der Arbeitswelt. Der eigene Trabi, die Datscha, der FKK-Urlaub auf Usedom. Weder brachten die sozialistischen Werktätigen ihre Phantasie noch ihre volle Arbeitskraft in den Produktionsprozess ein. Und wenn sich nicht bald etwas an der Arbeitshierarchie ändern sollte – so Bahro –, dann würden die Werktätigen weiter schludern und ihre Arbeitszeit nutzen, um das kleine Glück nach Feierabend „zu organisieren".

Als er 1975 seine Dissertation einreichte, wurde sie zunächst von den Gutachtern positiv aufgenommen, nach Intervention der Stasi jedoch als unwissenschaftlich verworfen. Bei aller analytischen Brillanz kam dabei auch Bahros Naivität zum Zug: 48 Interviews, zum großen Teil selbst geführt, fügte er als Beweis für seine Thesen und gegen den Rat seines Doktorvaters an. Der hatte ihm empfohlen, sie „in einen Tresor zu schließen". Bahro hatte in den Interviews zwar keine Namen genannt, aber Geburtsjahr, Wohnort und Berufsbezeichnung reichten der Stasi später aus, um die Beteiligten im Zuge der „Alternative"-Ermittlungen aufzuspüren und zu verhören.

Allein gegen das System

Das Folgeprojekt sollte Bahro deshalb von Anfang an konspirativ anlegen: Er baute sich ein kleines Netzwerk von Freunden und Unterstützern auf, die seine Manuskripte Probe lasen und gleichzeitig aufbewahrten. Und er ließ sich von seiner Frau Gundula scheiden, um sie und die Kinder nicht damit hineinzuziehen. So jedenfalls hat er es später erzählt. Tatsächlich war es wohl so, dass sie sich emotional oder ideologisch (oder beides) auseinandergelebt hatten, denn erst später wurde bekannt, dass Gundula Bahro 1974 mit der Staatssicherheit – vermutlich mit der Geheimdienstlegende Mischa Wolf persönlich – Kontakt aufgenommen hatte und ihr Wissen über Bahros Buchprojekt und später auch eine Manuskriptkopie weitergab.

Bereits ab 1974 – drei Jahre vor dem Erscheinen der „Alternative" – wurde Bahro überwacht. Hätte er überhaupt weitergemacht, wenn er das gewusst hätte? Und dann die Frage: Warum ließ ihn das MfS all die Jahre gewähren?

Zunächst wollte er sein „Buch" nur in kleiner Auflage im Land zirkulieren lassen. Doch als er Ende 1976 erfuhr, dass eines seiner „Leseexemplare" bei der Stasi gelandet war, beendete er sofort die Arbeit am Manuskript und nahm über Kontaktleute Verbindung mit der linken Europäischen Verlagsanstalt in Köln auf. Bahros langjähriger Freund, der Musikwissenschaftler Harry Goldschmidt, schmuggelte das Manuskript nach Westberlin.

„Die Alternative – zur Kritik des real existierenden Sozialismus" zieht gleich in der Einleitung eine vernichtende Bilanz: Die Verhältnisse in diesem System seien nicht sozialistisch, sondern führten im Prinzip den kapitalistischen Weg mit sozialistischem Anstrich fort. „Die Entfremdung der arbeitenden Massen dauert auf neuer Stufe an".

Die Geschichte des real existierenden Sozialismus erklärte Bahro – wie schon manche vor ihm – mit der Theorie der asiatischen Produktionsweise (Marx, Wittfogel): In Ländern wie Mesopotamien mussten die Bauern von Anfang an zusammen und unter strikter Führung Dämme und Kanäle gegen Fluten und Dürre bauen. Despotenreiche entstanden. Ähnlich konstituierte sich das Sowjetreich, da das äußerst rückständige Russland nur mithilfe eines gewaltigen Unterdrückungsstaates zu den westlichen Industrienationen aufschließen konnte. Die Folge: Sowohl in der Sowjetunion als auch in deren Bruderstaaten wie der DDR entstand eine Form von Protosozialismus. Trotzdem sei der von Lenin eingeschlagene Weg richtig gewesen. Die anschließend von Stalin betriebene massive Industrialisierung bezeichnet Bahro als eine historisch notwendige Weiterentwicklung. Wo – so fragte Bahro weiter – liegt heute die entscheidende Bruchstelle, die den Pseudo- vom echten Sozialismus trennt?

Seine Antwort: In der Arbeitsteilung, denn sie unterteile die Menschen in Hand- und Kopfarbeiter, in Entscheider und Ausführer. Da könne jemand aus der Arbeiterschaft kommen und in ihrem Namen sprechen wollen, sobald er in die Hierarchie der Führungsbürokratie eintauche, sei er kein Arbeiter mehr. Deshalb herrsche in der DDR immer noch eine Klassengesellschaft.

Notwendig sei aber nicht nur die Aufhebung der Arbeitsteilung, sondern eine revolutionäre Veränderung der Menschen selbst. Nur so könne die Subalternität, die „Daseinsform und Denkweise ‚kleiner Leute'" überwunden werden.

Um aber diese Veränderung zu bewirken – so erklärte er in dem anfangs zitierten *Spiegel*-Interview weiter: „ ...braucht man ein Zusammenwirken der progressiven Kräfte auf beiden Seiten der Blockgrenze. Aber dieses Zusammenwirken besteht weniger im Reden hinüber und herüber, sondern darin, eine Politik zu entwickeln, die drüben den progressiven Kräften Raum gibt."

Die Resonanz auf „Die Alternative" war überwältigend – jedenfalls im Westen.

Der *Spiegel* publizierte im August 1977 einen Vorabdruck, alle großen westdeutschen Zeitungen und das Fernsehen folgten. Als der Verfasser dann noch in Untersuchungshaft genommen wurde, griffen auch internationale Medien das Thema auf, so in Frankreich *Le Monde* und in den USA die *New York Times*. Der bis dahin unbekannte Bahro wurde zum Shootingstar der Politszene: ein Mann gegen ein System – ein erstklassiges Medienereignis!

Über 200 Rezensionen erschienen über die „Analyse", das Buch war nach einem Jahr über 120 000-mal verkauft. Doch vor allem: Durch Bahro konnte sich die heillos zerstrittene westliche Linke auf ein Thema konzentrieren – das Verhältnis der westeuropäischen Linken zum real existierenden Sozialismus.

In der DDR dagegen wurde etwa die Hälfte der kopierten Exemplare, die Bahro in Umlauf gebracht hatte, freiwillig den Behörden übergeben.

Trotzdem befand sich die DDR-Führung in einem Dilemma: Auch in der DDR war es nicht strafbar, seine Meinung in einem Buch zu veröffentlichen. Dem Staat blieb daher nur eine Möglichkeit, Bahro auszuschalten. Er wurde der nachrichtendienstlichen Tätigkeit für eine feindliche Organisation bezichtigt und im Sommer 1978 zu acht Jahren Haft verurteilt. Als Begründung wurde genannt, er habe wichtige Informationen für den bundesdeutschen Verfassungsschutz gesammelt und sie der feindlichen Behörde durch die Veröffentlichung des Buches quasi „übermittelt", und zwar aus „Geldgier". Als Beleg dienten seine Buchhonorare, die inzwischen auf 200 000 DM angestiegen waren.

Im Westen führte diese Strategie jedoch nur zu großer Empörung und einer bis dahin nicht gekannten Welle der Solidarität.

Doch anders als bei anderen Medienereignissen nahm die Solidarität für Bahro nicht ab, sondern zu. Das zeigt der „Internationale Kongress für und über Rudolf Bahro", bei dem viele westeuropäische Linke auftraten.

Die DDR musste Bahro nun schleunigst loswerden, und als dieser einen Ausreiseantrag stellte, nahm die DDR-Führung den 30. Jahrestag der Gründung der DDR im Oktober 1979 zum Anlass, Bahro mit seiner früheren Ehefrau, den beiden gemeinsamen Kindern und seiner Lebensgefährtin Ursula Beneke in die BRD abzuschieben.

Im Land der unbegrenzten Möglichkeiten

Kaum in der Bundesrepublik angekommen, absolvierte Bahro brav einen Interviewmarathon für die Medien, die ihn so unterstützt hatten. Aber zum Festredner wider die DDR ließ er sich nicht machen. Stattdessen fand er nach kurzer Suche ein neues Betätigungsfeld: Er wurde Mitinitiator der gerade entstehenden Grünen und avancierte in kürzester Zeit zu einem der Grundpfeiler der westdeutschen Alternativbewegung.

Besonders setzte er sich damals für eines der wichtigsten Ziele der Friedensbewegung ein: die Blockkonfrontation zu überwinden und ein atomwaffenfreies Europa zu schaffen. Doch bei den Grünen, wo er ab 1982 Beisitzer im Bundesvorstand war, vertrat er immer häufiger eine ketzerische Meinung.

So sollten seiner Auffassung nach, sozialistische und wertkonservative Strömungen zusammenfließen, denn angesichts der ökologischen Krise gelte es, nicht mehr Klassen-, sondern Menschheitsinteressen zu vertreten. Dabei sollte die Religion eine immer wichtigere Rolle in Bahros Denken spielen.

Als die Grünen im März 1983 erstmals mit einer kleinen Fraktion in den Bundestag einziehen konnten, stand die Strategiefrage auf der Tagesordnung: Sollten sie, wie Joschka Fischer forderte, längerfristig auf eine Regierungsbeteiligung hinarbeiten oder weiter klar Opposition betreiben? Fischer gegen Bahro. Dass da zwei Welten aufeinanderprallten, analysierte der Journalist Joscha Schmierer sehr treffend: „Joschka kam aus einer gesellschaftsfernen Gruppe, die Revolution machen wollte. Bahro war bis zu seiner Haft weitgehend gesellschaftlich integriert. Wir hatten unsere Revolutionsträume hinter uns. Er glaubte noch daran."

Und da sich Bahro nicht durchsetzen konnte, verließ er die Grünen schließlich 1985 – natürlich wieder mit einem großen Auftritt.

Dabei kritisierte er die ökologische Modernisierung der westlichen Industriestaaten, wie sie den Grünen nun vorschwebte, und drängte darauf, Fundamentalopposition zu betreiben. Politik allein reiche im Übrigen nicht, um das Übel an der Wurzel zu packen. Nötig sei vor allem individuelle Arbeit an sich selbst – und eine gigantische Analyse unseres apokalyptischen Zeitalters.

In seinem Buch „Logik der Rettung" spiegelt sich noch einmal der Anspruch des Universalgelehrten, das Ganze zu erfassen und in einem weiteren Schritt die erlösende Wahrheit zu finden. Er geht aus vom „Exterminismus", so hat der britische Sozialhistoriker E. P. Thompson die Epoche der gegenseitigen Abschreckung genannt, basierend auf einer Logik der (unbewussten) Selbstzerstörung der Menschheit. Dieselbe destruktive Kraft treibe aber auch, so Bahro, den wachstumsfixierten Weltmarkt an.

Schon Adorno und Horkheimer hatten in der „Dialektik der Aufklärung" (entstanden während des Zweiten Weltkrieges) dargelegt, dass die brutale Beherrschung der äußeren Natur nicht aufrechterhalten werden könne, ohne dass die Menschheit ihre innere Natur deformiere. Stalinismus und Faschismus sahen sie als vorläufig letzte Resultate dieser Verfremdung, begleitet von einem Alltag, in dem Technik, Sachzwang und Warenfetischismus immer mehr Freiräume des menschlichen Verhaltens verdrängten.

Für Bahro war der Wechsel von Ost nach West eine Art Zeitsprung geworden, der Wechsel in eine moderne, kalte Welt: „So viel Gehetztsein, Unbefriedigtsein, Einsamkeit mit und ohne andere Menschen, Versagen und Entfremdung aller Art.“ Eine Revolution der Seele müsse daher der politischen Umkehr vorausgehen: Es gelte, die Seelenkräfte zu reinigen (vor allem von ihrer Konsumfixierung) in einem Prozess, wie er in religiösen Ritualen praktiziert werde. Die Umkehr müsse dann den Schadensprozess (Natur- und Energieverbrauch) um eine Zehnerpotenz zurücknehmen (was seriöse Umweltinstitute zeitweise genauso sahen, nur nicht so kompromisslos – „bahromäßig“ – darlegten).

Bahro forderte einen weitgehenden Rückzug aus dem Weltmarkt, es gelte „der Megamaschine Menschen und Mittel zu entziehen“. An die frei werdende Stelle sollten alternative Lebensgemeinschaften treten – diese Umkehr könne nur im Kleinen entstehen, aber beginnen müsse dieser Prozess in den Großstädten, wo unser Lebensstil geformt werde.

Bahro mischte sich überall ein, wo in der links-alternativen, auch esoterischen Szene diskutiert wurde. Beinahe verwandelte er sich in eine Art Medium.

Ohne Konzept pflegte er sich an die Schreibmaschine zu setzen, was seine zeitweise Kampfgefährtin Michaela von Freyhold mit einem Pianisten vor dem Klavier verglich: „Er phantasierte wild drauf los, produzierte eine große Anzahl Seiten ... und damit fuhr er dann zum Vortrag, einer Arbeitsgruppe oder einem Grünentreffen.“

„Es“ dachte in ihm, aber dieses Denken wurde immer sprunghafter, dialektischer. Doch bei aller Wechselhaftigkeit konnte man sich bei Bahro auf eines verlassen: Er diskutierte nie über den Konsens, war immer schon einen Schritt weiter oder stellte sich quer zu den Verhältnissen, den Institutionen und Gruppen – so auch mit seiner provokanten These zur Ökodiktatur.

Bereits in der „Alternative“ hatte Bahro die Idee der „Diktatur des Proletariats“ abgewandelt in eine Gruppe starker Persönlichkeiten („Bund der Kommunisten“, später „Ökodiktatur“), welche die Führung der

Menschheit übernehmen sollte. Als Michael Gorbatschow Kremlchef wurde und seine „Perestroika" verkündete, sah Bahro in ihm einen möglichen „Fürsten der ökologischen Wende". Er sollte Teil einer Art Weltrat werden, der sinnvolle überparteiliche, ökonomisch-ökologische Richtlinien festlegen sollte.

Dann kam die Wende. Denn trotz des harten Vorgehens der Stasi fühlten sich Bürgerrechtler im Laufe des Jahres 1989 durch die Glasnost- und Perestroika-Politik der Sowjetunion zum Protest ermutigt. Der Eiserne Vorhang bröckelte, Anfang Mai begann Ungarn seine Grenzanlagen zu Österreich abzubauen, und sofort nutzten DDR-Bürger diese Möglichkeit zur Ausreise. Gleichzeitig forderten immer mehr Menschen in ostdeutschen Städten auf den sogenannten „Montagsdemonstrationen" mehr Freiheit.

Als im Herbst Michail Gorbatschow, der eigentlich Gast der Feierlichkeiten zum 40. Jahrestag der DDR war, Reformen beim kleinen Bruderstaat anmahnte, entzog die Parteiführung der SED dem Parteichef und Staatsratsvorsitzenden Erich Honecker das Vertrauen. Dieser trat daraufhin zurück.

Immer mehr DDR-Bürger nutzten die Möglichkeit, ohne Formalitäten über die Tschechoslowakei in den Westen auszureisen. Auch die neue Regierung unter Hans Modrow und Egon Krenz geriet deshalb unter Druck und ließ am 9. November erklären, dass Privatreisen ins Ausland künftig von allen Bürgern beantragt werden könnten. Damit war die Mauer offen, und alle drängten in den Westen. Bahro dagegen war sofort bereit, in die DDR zurückzugehen – natürlich, um den Sozialismus zu retten!

Bahro, der bei seiner Verhaftung im Jahr 1977 aus der SED ausgeschlossen worden war, bekam die Möglichkeit, im Dezember 1989 auf dem außerordentlichen Parteitag der SED zu sprechen. Doch statt zum eigentlichen Thema der Stunde – Selbstauflösung der Partei oder Wandel – zu reden, zählte er zunächst alle auf, die ihn bei seiner „Alternative" unterstützt hatten, kritisierte den amtierenden Ministerpräsidenten Hans Modrow und skizzierte recht konfus seine Idee eines „sozialökologischen" Umbaus der DDR... Allen Anwesenden außer ihm selbst muss damals klar geworden sein: Bahro hatte den Kontakt zu seiner alten Partei vollständig verloren.

Zwar versuchte die Volkskammer der DDR Anfang 1990 noch einmal, die Eigenständigkeit ihres Staates durch Reformen zu bewahren, doch auf den Straßen wurde nun statt „Wir sind das Volk" „Wir sind ein Volk" skandiert! Der Druck der Straße (Bananen und die D-Mark für alle), der Medien und der Westpolitiker brachte die DDR-Führung dazu, ab März 1990 über eine Wirtschafts-, Währungs- und Sozialunion zu verhandeln, die bereits am 18. Mai vereinbart wurde. Immerhin wurde Bahro noch vor der Wiedervereinigung durch das Oberste Gericht der DDR juristisch vollständig rehabilitiert. Und er bekam die Chance, an der Humboldt-Universität ein „Institut für Sozialökologie" aufzubauen, auch wenn dieses zunächst in einer Ostberliner Wohnung untergebracht war. „Sozialökologie" nannte Bahro den Versuch, sich mit der apokalyptischen ökologisch-ökonomischen Menschheitskrise ganzheitlich auseinanderzusetzen. Mit deren sozialer, kultureller, ökologischer, ökonomischer und psychologischer Dimension und zwar nicht nur „wissenschaftlich", sondern auch ganz persönlich. Um dieser Ganzheitlichkeit gerecht zu werden, fing er an, neben seiner Lehrtätigkeit ab Sommer 1991 an der von ihm gegründeten Bildungsstätte „LebensGut" in Pommritz mit nachhaltigen Lebens- und Wirtschaftsformen zu experimentieren. Und auch diesmal war er wieder zur provokativen Vereinfachung bereit. So äußerte er 1990 – im Jahr der Wiedervereinigung – in einem Interview, die Grünen scheuten sich davor, „das nationale, ich sag mal – auch wenn es negativ besetzt ist – das völkische Moment" zu bedienen. Ja, es rufe „in der Volkstiefe nach einem grünen Adolf". Wie schon von der SED-Führung wurde er nun von den Grünen als Abweichler, als Verräter – ja sogar als Faschist gebrandmarkt. Dabei sollte diese Aussage nur plakativ seine Vorstellung von einer Ökodiktatur umschreiben.

Im September 1993 beging seine (dritte) Frau Beatrice nach einem Ehestreit Selbstmord. Bahro, der gegen ein ganzes System gekämpft hatte und die Welt retten wollte, traf dieses Ereignis völlig unerwartet und wehrlos. Zunächst ließ er sich vom Seminarbetrieb befreien, doch nicht lange darauf erkrankte er selbst schwer. Im Herbst 1994 wurde Leukämie diagnostiziert. Bahro war davon überzeugt, dass seine Krankheit geistige Ursachen hatte und dass er letztlich „am System" erkrankt sei. Deshalb war es dann auch nur konsequent, sich in die Hände alternativer Therapeuten zu begeben. Mithilfe der „Kirilian-Fotografie“ ließ er seine Aura bestimmen und sich dann homöopathisch behandeln.

Dass es ihm zusehends schlechter ging, war für ihn kein Grund, eine schulmedizinische Krebstherapie aufzunehmen. Vielleicht nahm er die Wahrheit sogar als Bestätigung. Kein Grund, den Kurs zu wechseln: Man muss nicht überleben!

Um seinen Geist zu läutern, zog er sich sogar für einige Zeit in ein Kloster zurück. Doch für eine geistige Klärung war es zu spät, seine Krankheit breitete sich weiter aus. Bahro willigte schließlich doch in eine Chemotherapie ein und heiratete seine neue Lebensgefährtin Marina Lehnert. 1996 ging es ihm dann sogar wieder so gut, dass er für ein knappes Jahr seine Lehrtätigkeit wieder aufnehmen konnte, bevor der Rückfall kam.

Wurden Rudolf Bahros Denken und Handeln von Wankelmut bestimmt, oder versuchte er konsequent dialektisch zu leben? Immer war er schon einen Riesenschritt weiter, stellte sich mit seiner Meinung den Verhältnissen regelrecht entgegen, wie Michaela von Freyhold resümiert: „Rudi bezog auch dann Position, wenn er sich damit nur Nachteile einhandelte.“ Genau diese Eigenschaft machte Rudolf Bahro zu einem Unbequemen par excellence.

Darüber hinaus zeigen sein Leben und Werk aber auch, dass die erfassbare Wahrheit in unserer Zeit womöglich gar nicht mehr in einem „kontinuierlichen“ Lebenswerk – sozusagen einer Gesamtausgabe im Schuber – ihren Niederschlag findet, sondern immer mehr dem unberechenbaren Flug des Falters um die Laterne gleicht. Bahro starb am 5. Dezember 1997. Die neue Globalisierung, das Internet und die ganze Multimediawelt standen da noch am Anfang!

Literatur zum Weiterlesen

Zur Einleitung:
In seiner Selbstbiografie „Ecce Homo – wie ich wurde, was ich bin" beschreibt Friedrich Nietzsche, wie das ideale Leben eines Unbequemen aussehen könnte. (In vielen Ausgaben, unter anderem als Taschenbuch – München 2005 – erhältlich.)

Zu dem höchst unbequemen Vermächtnis, das uns als Deutsche nach wie vor umtreibt, nämlich die Frage, wie sich normale Bürger im Nationalsozialismus aktiv haben einbinden lassen, hier exemplarisch die beispielhafte Studie über Soldaten: „Soldaten. Protokolle vom Kämpfen, Töten und Sterben" (Frankfurt 2011). Darin analysieren die Autoren Sönke Neitzel und Harald Welzer Tausende heimlicher Abhörprotokolle von gefangenen Wehrmachtssoldaten.

Das Verhältnis des deutschen Volkes zu seinem Führer beleuchtet die Briefsammlung „Briefe an Hitler – Ein Volk schreibt seinem Führer", hg. v. Henrik Eberle, Bergisch Gladbach 2007.

Zur Diskussion um Hitlers angebliche Verführungsaura liefert Ludolf Herbst: „Hitlers Charisma – Die Erfindung eines deutschen Messias", Frankfurt am Main 2010, einen wichtigen Beitrag.

Zu Thomas Müntzer:
Solide ist Gerhard Wehrs „Thomas Müntzer in Selbstzeugnissen und Bilddokumenten", Reinbek 1979[3]; am eindringlichsten schildert Arnulf Zittelmann das Leben und Werk Müntzers: „Ich will donnern über sie! – Die Lebensgeschichte des Thomas Müntzer", Weinheim 1989. In dem schmalen Band „Das Bild Thomas Müntzers in Ost und West" (Hannover 1988) beleuchtet Hans-Jürgen Goertz nicht nur das sehr unterschiedliche Müntzer-Bild in Ost- und Westdeutschland, sondern auch den Wandel des Müntzer-Bildes durch die Jahrhunderte.

Zu Albrecht von Wallenstein:
Noch immer unterhaltsam zu lesen ist Golo Manns erzählende Biografie „Wallenstein“, auch wenn sie in einigen Punkten fiktive Elemente aufweist. (Es gibt verschiedene Ausgaben, unter anderem auch ein Taschenbuch, Frankfurt 1997). Sehr aktuell ist Robert Rebitschs Biografie „Wallenstein – Biografie eines Machtmenschen“, Wien 2010.

Einen guten Einblick in den aktuellen Stand der Forschung des gesamten Zeitalters gibt Hans-Jürgen Goertz: Deutschland 1500–1648 – eine zertrennte Welt“, Paderborn 2004.

Zu Samuel Hahnemann:
Die einzige seriöse Biografie, für die das ganze Quellenmaterial gesichtet wurde, stammt von dem Medizinhistoriker Robert Jütte: „Samuel Hahnemann – Begründer der Homöopathie“, München 2005. Eine sehr lesbare Einführung in die homöopathische Lehre hat S. M. Gunavante publiziert: „Theorie und Praxis der Homöopathie“, Greifenberg 2000.

Zu Mathilde Franziska Anneke:
Als Monografie liegt derzeit keine Anneke-Biografie vor. Interessierte sind auf kleine Porträts, wie in „Die 50 wichtigsten Frauen in der deutschen Geschichte“ von Alexander Emmerich (München 2011) angewiesen. Antiquarisch sind vor allem lesenswert: Klaus Schmidts Doppelbiografie: „Mathilde Franziska und Fritz Anneke“ (Köln 1999) und Manfred Gebhardt: „Mathilde Franziska Anneke – Madame, Soldat und Suffragette“, Berlin 1988.

Zu Wilhelm II.:
Den Standard setzt John C. G. Röhl mit seiner dreibändigen Biografie „Wilhelm II.: Die Jugend des Kaisers 1859–1888“, München 2001², „Wilhelm II.: Aufbau der persönlichen Monarchie“, München 2001, und „Wilhelm II.: Der Weg in den Abgrund 1900–1940“, München 2008. Hier ist jedoch Ausdauer gefragt. Wer nicht so sehr ins Detail gehen möchte, der kann auch die Biografien von Franz Herre: „Wilhelm II. – Monarch zwischen den Zeiten“, München 1998, oder Joska Pintschovius: „Der Bürgerkaiser – Wilhelm II.“, Berlin 2009, lesen.

Wer sich dagegen für die Beeinflussung des Kaisers durch seinen illustren Beraterkreis und dessen Enthüllung interessiert, greife zu Peter Winzen: „Das Ende der Kaiserherrlichkeit – Die Skandalprozesse um die homoerotischen Berater Kaiser Wilhelms II. 1907–1909", Köln 2010.

Zu Rosa Luxemburg:
Es lohnt noch immer, Reden, Briefe und Aufsätze von Rosa Luxemburg im Original zu lesen. Wie schon im Text erwähnt, wurden in der Gesamtausgabe (Berlin 2006 ff.) die Bände mit ihren kritischen Schriften nur sehr zögerlich veröffentlicht, inzwischen fünf der geplanten sechs Bände. Sehr persönlich sind Rosas „Briefe aus dem Gefängnis", die in verschiedenen Ausgaben vorliegen. Aus der stattlichen Anzahl von Rosa-Luxemburg-Biografien sticht die von Fredrik Hetmann durch ihre intensive Erzählweise hervor: „Eine Kerze, die an beiden Enden brennt – Das Leben der Rosa Luxemburg", Freiburg 1998. Eine informative Mischung aus Biografie und Werkschau bietet Dietmar Dath: „Rosa Luxemburg – Leben und Wirkung", Frankfurt am Main 2010.

Zu Fritz Haber:
Erst seit Mitte der 1990er-Jahre – also 60 Jahre nach seinem Tod – gibt es zwei ausführliche Haber-Biografien: Dietrich Stoltzenberg: „Fritz Haber", Weinheim 1994 und Margit Szöllösi-Janze: „Fritz Haber 1868–1934", München 1998.

Stoltzenberg erschließt zwar viele neuen Quellen und Dokumente und zeichnet Zusammenhänge der Zeit- und Forschungsgeschichte auf, dabei folgt er jedoch der Perspektive Habers sowie dessen Mitarbeiter und Verbündeten in Industrie, Militär und Politik. Auch die Biografie von Szöllösi-Janze, die auf ihrer Habilitationsschrift fußt, kann sich nicht vom historischen Forschungsansatz lösen: Habers persönliche Geschichte bleibt hinter dem offiziellen „Selbstbild" verborgen.

Zu Fritz Kolbe:
Lucas Delattre: „Fritz Kolbe – der wichtigste Spion des Zweiten Weltkrieges", München 2004 (nur noch antiquarisch zu bekommen). Delattre hat die einzige, leicht literarisch aufgearbeitete Biografie des lange unbe-

kannten Widerständlers geschrieben. Als einziger Historiker hatte er Zugang zum Privatarchiv von Fritz Kolbe.

Eckart Conze, Norbert Frei, Peter Hayes, Moshe Zimmermann: „Das Amt und die Vergangenheit. Deutsche Diplomaten im dritten Reich und in der Bundesrepublik", München 2010. Der Bericht der Historikerkommission widmet sich in mehreren langen Passagen dem Schicksal Kolbes, besonders während der Nachkriegszeit. Der Bericht ist nicht in der wohl abgewogenen Sprache der Historiker verfasst, sondern bezieht eindeutig Stellung.

Zu Franz-Joseph Strauß:
Aus den zahlreichen Biografien sticht die von Werner Biermann durch gute Recherche und Lesbarkeit hervor: „Strauß – Aufstieg und Fall einer Familie", Berlin 2006. Vor allem über die politischen und finanziellen Machenschaften berichtet der ehemalige Ministerialbeamte Wilhelm Schlötterer: „Macht und Missbrauch – Franz-Joseph Strauß und seine Nachfolger", Köln 2009.

Zu Ulrike Meinhof:
Neben den beiden schon im Text genannten stark polarisierenden Biografien von Jutta Ditfurth: „Ulrike Meinhof – Die Biografie", Berlin 2007 und Bettina Röhl: „So macht Kommunismus Spaß! Ulrike Meinhof, Klaus Rainer Röhl und die Akte *konkret*", Hamburg 2006, ist noch immer aktuell und seriös die Meinhof-Biografie von Alois Prinz: „Lieber wütend als traurig", Weinheim 2005. Ebenso eindrucksvoll lesen sich Aufsätze und Polemiken von Ulrike Marie Meinhof vor ihrer Zeit in der RAF. Etwa: „Die Würde des Menschen ist antastbar", Berlin 2004.

Zur anschließenden Zeit in der RAF sind noch immer aktuell Stefan Aust: „Der Baader-Meinhof-Komplex", München 1998 und Willi Winkler: „Die Geschichte der RAF", Berlin 2007

Zu Rudolf Bahro:
Die einzig umfassende Bahro-Biografie stammt von Guntolf Herzberg und Kurt Seifert: „Rudolf Bahro – Glaube an das Veränderbare", Berlin 2005. Sie ist nur noch antiquarisch erhältlich. Lieferbar ist jedoch noch eine gute Sammlung nachgelassener Texte, Vorlesungen, Reden und Interviews: „Rudolf Bahro: Denker – Reformator – Homo politicus", Berlin 2011.

Zum Autor:

Wolfgang Korn hat Geschichte, Politische Wissenschaft und Journalistik studiert. Er schreibt über Geschichte, Kulturgeschichte und Archäologie u.a. für *DIE ZEIT*, *Mare*, *GEO* und *DAMALS*.